MW00574731

TEN ARQUITECTOS/ ENRIQUE NORTEN

LINES OF INVESTIGATION/ LÍNEAS DE INVESTIGACIÓN

BARRY BERGDOLL / ELIZABETH DILLER / XAVIER GUZMÁN URBIOLA / ALEJANDRO HERNÁNDEZ GÁLVEZ / JULIA VAN DEN HOUT / ENRIQUE KRAUZE / CATHY LANG HO / THOM MAYNE

Princeton Architectural Press, New York

To my father, Leopoldo Norten,
my teacher, my guide.

**A mi padre, Leopoldo Norten,
mi maestro y mi guía.**

To my children, Sofía and Matías,
my light and my greatest joy.

**A mis hijos, Sofía y Matías,
mi luz y mi mayor alegría.**

To Sarah, my companion and my best friend.

A Sarah, mi compañera y mi mejor amiga.

Prologue / Prólogo
Enrique Norten

Today's world is a universal network. Ideas, images, assets, and products flow freely around the globe, creating a shared knowledge. But localism is not the opposite of globalization. Rather, the more global we become, the more aware we are of our particular conditions—as architects, we recognize the differences that make us all special and the opportunities embedded in each place where we design or build projects. The architecture of our generation lies at the intersection of the global and the local, the universal and the unique.

I'm very proud of being Mexican and being part of the story of Mexican architecture in the last few years. There are many local elements that have informed my work—elements drawn from my upbringing, my studies, the country's cultural complexities, its light and its textures. When I established TEN Arquitectos in 1986 in Mexico City, I felt a strong need to explore internationally, and it has been stimulating to be part of the discourse of global architecture.

Within this dynamic it is most important that architecture is appropriate to a place, a sensibility

El mundo de hoy es una red universal. Las ideas y las imágenes, los bienes y los productos fluyen libremente por el mundo creando un conocimiento compartido. Pero localismo no es antónimo de globalización. Más bien, cuanto más globales seamos, más conscientes nos volvemos de nuestras condiciones específicas. Como arquitectos, reconocemos las diferencias que nos vuelven únicos y las oportunidades de cada uno de los lugares en los que diseñamos o construimos proyectos. La arquitectura de nuestra generación yace en la intersección de lo global y lo local, lo universal y lo único.

Me da mucho orgullo ser mexicano y ser parte de la historia de la arquitectura mexicana de los últimos años. Hay muchos elementos locales que han contribuido a mi trabajo, elementos que han surgido de mi niñez, de mis estudios, de las complejidades culturales de mi país, de la luz y las texturas mexicanas. Cuando en 1986 fundé TEN Arquitectos en la Ciudad de México, sentí a la vez una fuerte necesidad de explorar el ámbito internacional y ha sido de lo más estimulante

that encompasses not only the physical, but also includes the political, the cultural, and the economic. While geography is an absolute condition that can exist independently of us, place is a relative condition that only exists because of people.

Today, widespread emigration is one of the most powerful forces shaping our world. The continually flowing currents of migrants represent the fluidity made possible by this global network—physical conditions are much less restrictive and we can no longer define our world by its political borders. Rather, intensified migration and a rapid trend of urbanization have created a world defined by cities. It is estimated that more than half of the world's population currently lives in cities, a proportion that will grow to nearly 70 percent by 2050. Latin America is the most urbanized region in the world, with already about 80 percent living in cities.

The growth of cities demands a reexamination of the role of architecture. That which is not typically considered architecture represents, in our eyes, a crucial opportunity for reorganizing and adding positively to the urban fabric. Within this web of layers and conditions of place, architecture is not only the tangible result that we see, touch, and inhabit, but also the tension between the ideas that are manifested in a physical work and the immateriality of the experience. We must continue to rethink, rediscover, and reinvent the city; strive for a new urbanity in which mass and void, public and private are woven together; and create spaces that foster interaction, encourage democracy and equality, and embrace emergent social and cultural paradigms.

Since the establishment of TEN Arquitectos, we have worked around the world on projects that are each unique in their context and circumstance. But regardless of where they are located or whether they have been designed in our studio in Mexico or New York, we approach each project through a rigorous process of analysis, aiming for work that is highly integrated into its unique place—sensitive to its users, its culture, and its site, as well as to the pressing needs for sustainability and technological progress. We look at the possibilities a project holds. How can we understand the different uses of a building? How can a building create opportunity for its surroundings and for the people who use it? We continually explore,

ser parte del discurso de la arquitectura mundial.

Dentro de esta dinámica, es sumamente importante que la arquitectura sea la apropiada para un determinado lugar, que tenga una sensibilidad que no abarque solamente lo físico. El "lugar" también incluye lo político, lo cultural y lo económico. Mientras que la geografía es una condición absoluta que puede existir independientemente de nosotros, el lugar es una condición relativa que solo existe en base a la gente. Hoy por hoy, la emigración es una de las fuerzas más poderosas que está dándole forma a nuestro mundo. Las corrientes de migrantes en continuo flujo representan la fluidez que ha podido darse gracias a esta red global: las condiciones físicas son mucho menos restrictivas y ya no podemos definir nuestro mundo por sus bordes políticos. Más bien, la intensificación de la migración y una rápida tendencia de urbanización han creado un mundo que está definido por las ciudades. Se estima que más de la mitad de la población mundial vive actualmente en ciudades, una proporción que para el año 2050 crecerá hasta llegar a cerca de un 70%. América Latina es la región más urbanizada del mundo, con un

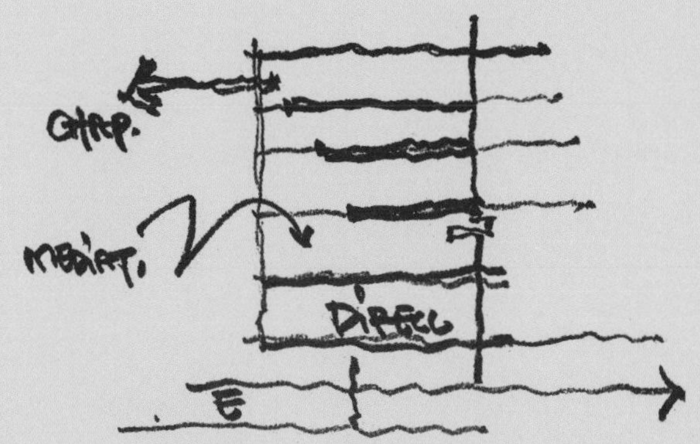

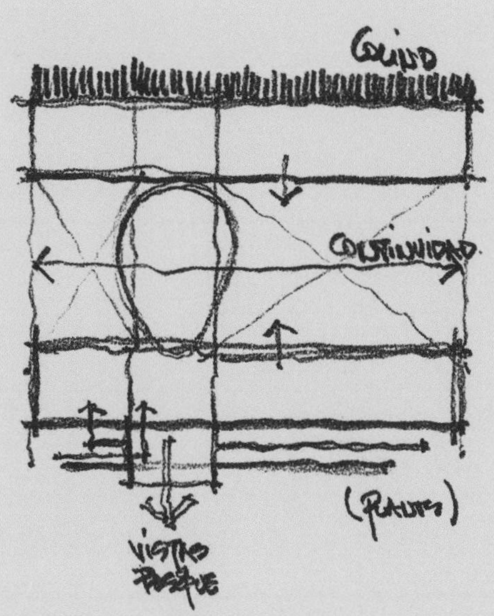

reinvent, and push the limits of how a building or a city can function, thereby nurturing a new understanding. The program should not merely fill the voids of a preconceived "object." Rather, we reconfigure and transform the program to generate form and space. Our work follows from an understanding of the fundamental system of uses and experiences of a space, where the flows and the forces define it and give it a sense of time and place.

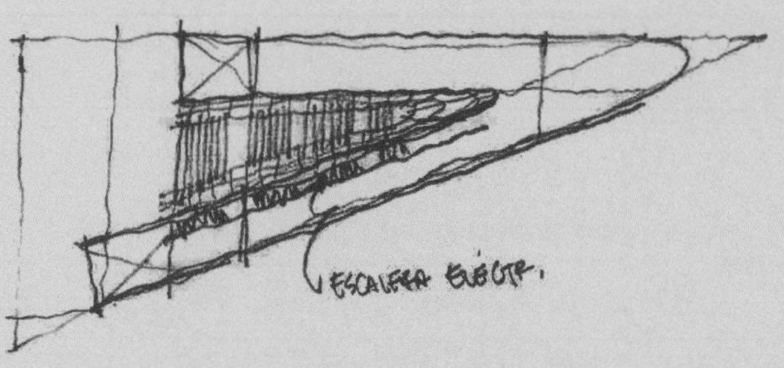

Today, these considerations are at the root of our work, and we articulate them most clearly as three lines of investigation—approaching architecture as public space, as infrastructure, and as territory. The three proposed lines of investigation do not individually define any one project. In some projects, all three approaches are visible at once: in the new urban campus for CENTRO university, stacking publicly accessible spaces creates a three-dimensional understanding of Mexico City, amplifying civic opportunity; at the BAM Downtown Brooklyn Cultural District, a public plaza provides a new cultural focal point for the neighborhood and nurtures a sense of community; and in Acapulco's new Government Center, interconnected volumes shape an open network

80% de su población habitando ya en ciudades.

El crecimiento de las ciudades exige una revaluación del papel de la arquitectura. Aquello que típicamente no se considere arquitectura representa, ante nuestros ojos, una oportunidad clave para reorganizar la textura urbana sumándole aspectos positivos. Dentro de esta red de dimensiones y condiciones de lugar, la arquitectura no solamente es el resultado tangible que vemos, tocamos y habitamos, sino que también es la tensión entre las ideas que se exponen en una obra física y la inmaterialidad de la experiencia. Debemos seguir repensando, redescubriendo y reinventando la ciudad. Debemos seguir buscando una nueva urbanidad en la que la masa y el vacío, lo público y lo privado, se entrelazan. Debemos crear espacios que fomenten la interacción, que promuevan la democracia y la igualdad y que acojan los paradigmas sociales y culturales emergentes.

Desde la puesta en marcha de TEN Arquitectos, hemos trabajado en todo el mundo en proyectos que son únicos en sus respectivos contextos y circunstancias. Pero más allá de dónde estén ubicados o de que hayan sido diseñados en nuestro despacho de México o de Nueva York, cada proyecto es abordado a través de un riguroso proceso de análisis, con el objetivo de construir una obra que esté fuertemente integrada a su lugar específico y que muestre sensibilidad hacia sus usuarios, su cultura y su entorno, así como hacia las apremiantes necesidades de sustentabilidad y de los progresos tecnológicos. Prestamos atención a las posibilidades específicas que conlleva un determinado proyecto. ¿Cómo podemos abordar los diferentes usos de un edificio? ¿Cómo puede un edificio crear oportunidades para su entorno y para la gente que lo utilice? Estamos en permanente exploración y reinvención, corriendo los límites de los modos en que puede funcionar un edificio o una ciudad, alimentando de esta manera una nueva visión. El programa arquitectónico no existe simplemente para llenar los huecos de un “objeto” preconcebido. Más bien, nosotros reconfiguramos y transformamos el programa para generar forma y espacio. Nuestro trabajo es el resultado de una determinada visión del sistema fundamental de los usos y experiencias de un espacio,

of terraces, creating a sense of multidimensional, ground-level porosity that is continuous with the most energized public spaces of the city, regardless of what floor you are on. These three lines of investigation collectively describe how we position our work and identify what are ultimately the primary drivers of all of our projects.

As we review our portfolio of the past few years and consider our trajectory for the next few to come, our guiding principle has become clear: any project—large or small and regardless of budget—should enhance all aspects of the place where it is built. Architecture is a public asset and a civic responsibility. Architecture is a collective act of love that occurs when creation and occupation meet in time and space.

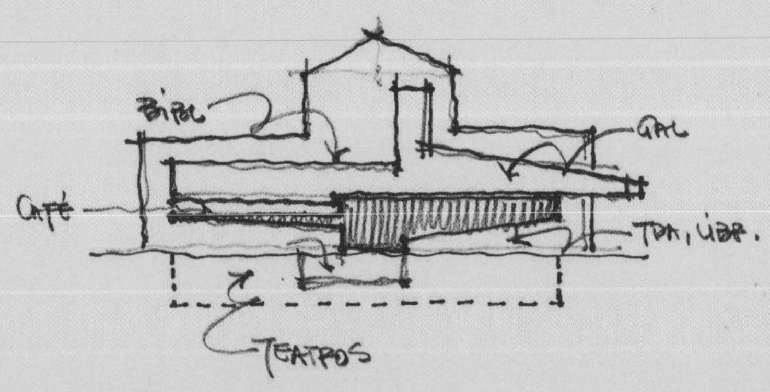

donde los flujos y las fuerzas son definitorias, brindándole un sentido de tiempo y de lugar.

Hoy estas consideraciones forman la base de nuestro trabajo, y las articulamos más claramente a través de tres líneas de investigación: abordando la arquitectura como espacio público, como infraestructura y como territorio. Estas tres líneas de investigación que proponemos no definen un proyecto en forma individual. En ciertos casos, estos tres abordajes se perciben a la vez. En el nuevo campus urbano de la universidad CENTRO, el acopio de espacios abiertos al público crea una visión tridimensional de la Ciudad de México que amplía las posibilidades cívicas. En el Distrito Cultural del Centro de Brooklyn (BAM), una plaza pública brinda un nuevo punto de foco cultural para el barrio, alimentando el sentido de comunidad. Y en el nuevo Centro de Gobierno de Acapulco, los volúmenes interconectados le dan forma a una red abierta de terrazas, creando una sensación de porosidad multidimensional a nivel del piso que marca una continuidad con los espacios públicos más enérgicos de la ciudad, independientemente del nivel en el que uno se encuentre. Estas tres líneas de investigación en forma colectiva describen la manera en que ubicamos nuestro trabajo e identificamos lo que, en definitiva, son los ejes impulsores de todos nuestros proyectos. Al revisar nuestra carpeta de proyectos de los últimos años y considerar nuestra trayectoria para el futuro próximo, un principio rector se nos vuelve evidente: cualquier proyecto, ya sea grande o pequeño, y más allá de su presupuesto, deberá realzar todos los aspectos del lugar en el que se construya. La arquitectura es un bien público y una responsabilidad cívica. La arquitectura es un acto colectivo de amor que se da a lugar cuando la creatividad y el trabajo tienen cita en un mismo tiempo y espacio.

Published by
Princeton Architectural Press
A McEvoy Group company
202 Warren Street
Hudson, New York 12534
www.papress.com

Printed and bound in China
21 20 19 18 4 3 2 1 First edition

Editors, English text: Original Copy,
Jenny Florence
Editors, Spanish text: Arquine
English to Spanish translation:
Carolina Orloff
Designer: MGMT. design

Special thanks to: Janet Behning, Nolan Boomer, Nicola Brower, Abby Bussel, Tom Cho, Barbara Darko, Benjamin English, Susan Hershberg, Jan Cigliano Hartman, Lia Hunt, Valerie Kamen, Simone Kaplan-Senchak, Jennifer Lippert, Kristy Maier, Sara McKay, Eliana Miller, Wes Seeley, Rob Shaeffer, Sara Stemen, Paul Wagner, and Joseph Weston of Princeton Architectural Press —Kevin C. Lippert, publisher

Library of Congress
Cataloging-in-Publication Data
available upon request

Lines of Investi- gation

Líneas de investi- gación

When I began practicing architecture, we started every project by examining an aerial photo of the site, which at the time was not as easy to get as it is now. We'd find someone to take the photo, pay a fortune, wait a month, and if we were lucky, we'd get a blurry black-and-white image. We would save those photos because they were so valuable; we had a whole file cabinet full of them. Now we go online to find an aerial view and all the necessary information in a matter of seconds. Today, the research conducted in the early stages of a project is much easier and you can gather information—almost too much information—without ever having to visit the site.

The aerial view offers an immediate way of learning about a city's texture, and

La arquitectura como espacio público

Cuando empecé a trabajar como arquitecto, cada proyecto se iniciaba analizando la foto aérea del lugar, que en aquel momento no era tan fácil de conseguir como ahora. Solíamos buscar alguien que pudiera sacar la foto, le pagábamos una fortuna, esperábamos un mes y, si teníamos suerte, obteníamos una imagen borrosa en blanco y negro. Para nosotros estas fotos eran muy valiosas así que solíamos guardarlas. Teníamos un archivo repleto. Hoy en día, buscamos en línea y, en segundos, podemos obtener una imagen aérea y toda la información necesaria. Actualmente, la investigación inicial de un proyecto es mucho más fácil y la información puede obtenerse, quizás en exceso, sin tener siquiera que visitar el lugar.

architecture is about reconstructing and reinventing the texture of the city or even a section of it. When we work in a city, we're building the city. Most cities are structured around the thought that private space is what you own, and public space is what nobody owns. This is a destructive way of considering these spaces; it's not about ownership, but rather what ties the city together and makes it a place for everybody. Similarly, public space is not empty space; it needs to be designed and defined. It's not simply about creating space, but about energizing the void.

In many of our projects, we have focused not only on providing exterior community spaces, but also on bringing the public inside the building. Our work strives to connect people to people, people to the city, and to provide a platform for social exchange.

La vista aérea es un modo inmediato de conocer a fondo la textura de una ciudad, y la arquitectura se trata de reconstruir y reinventar la textura de la ciudad o incluso una parte de ella. Cuando trabajamos en una ciudad, estamos construyéndola. La mayoría de las ciudades se estructuran en torno a la idea de que el espacio privado le pertenece a uno y el espacio público no le pertenece a nadie. Esta es una forma destructiva de considerar estos espacios. No se trata de pertenencia sino de lo que mantiene unida a la ciudad y la vuelve un espacio para todos. De modo similar, el espacio público no es un espacio vacío. Es importante diseñarlo y definirlo. No es cuestión simplemente de crear un espacio, sino de activar el vacío.

En muchos de nuestros proyectos nos hemos centrado no solamente en brindar espacios exteriores en las comunidades,

All architecture has a public dimension and must be attuned to the possibility of enhancing civic relations and human experiences.

Architecture as Territory

There is a reason why we gravitate, especially now, to architecture: because there's a certain impermanence in the digital age. We come across a million fleeting images, references, thoughts, and ideas every day. Yet architecture, when most successful, can be timeless and permanent in a way that has little to do with its physical scale and materiality.

During the last century, we saw the construction of many beautiful objects, rather than buildings, that were a true part of the city. If you look at the skyline of Shanghai

sino que hemos hecho que lo público sea parte del interior de un edificio. El objetivo de nuestro trabajo es conectar gente con gente, gente con ciudad, y ofrecer una plataforma para el intercambio social. Toda arquitectura tiene una dimensión pública y debe estar en armonía con la posibilidad de mejorar las relaciones cívicas y las experiencias humanas.

La arquitectura como territorio

Existe una razón por la que gravitamos hacia la arquitectura, especialmente hoy en día, y es que en la era digital hay una cierta impermanencia. A diario nos encontramos con millones de imágenes, referencias, reflexiones e ideas efímeras. Sin embargo, la arquitectura, cuando logra al máximo sus objetivos, puede ser atemporal y

or you visit São Paulo, you see primarily a series of articulated objects that mark our current stylistic moment, and fear competition from surrounding structures. These buildings do not embody longevity and have little value beyond what they represent individually and superficially. The objects are recognized or valued when they're new, but soon another object comes to take its place.

What is it that brings them all together? It is a city of masses, designed without regard for the dynamics of everyday life; it is a consideration of the city in only two dimensions. But our architectural interventions need to do more; our generation needs to put aside its infatuation with beautiful objects and instead consider the collective good. To do so requires a shift in perspective, recognizing and emboldening the multidimensional dynamics that make a city

permanente de un modo que poco tiene que ver con su escala física y su materialidad.

Durante este último siglo, hemos sido testigos de la construcción de objetos preciosos, más que edificios, que han pasado a formar una parte real de la ciudad. Si uno observa la línea del horizonte de Shanghái o visita São Paulo, ante todo verá una serie de objetos articulados que marcan el momento estilístico actual y temen la rivalidad de las estructuras lindantes. Estos edificios no encarnan la longevidad y tienen poco valor más allá de lo que representan individual y superficialmente. A los objetos se los reconoce o se los valora cuando son nuevos, pero pronto hay otro que ocupa su lugar.

¿Qué es lo que los une? Una ciudad de masas, diseñada sin tomar en cuenta la dinámica cotidiana. Es la ciudad sólo pensada en dos dimensiones. Pero nuestras

function. Architecture becomes timeless when it interacts with its users, when it connects people to a place and shapes a cultural identity. Timeless works of architecture are not the grandiose designs featured on postcards. More often, they are the small community structures assembled by locals, developed from their collaborative connections.

Architecture as territory is defined not by the ownership of a site, but by the transformation a place experiences as a result of architectural intervention. Architecture as territory does not exist without people. It arises from the culture and soul of place.

Architecture as Infrastructure

We've built a wide range of projects both within Mexico and in the United States;

intervenciones arquitectónicas tienen que hacer más. Nuestra generación tiene que poner a un lado su obsesión por los objetos bellos y considerar en su lugar el bien colectivo. Esto requiere un cambio de perspectiva, reconociendo e incentivando una dinámica multidimensional que hace que una ciudad funcione.

La arquitectura se vuelve atemporal cuando interactúa con sus usuarios, cuando conecta la gente a un lugar y le da forma a su identidad cultural. Las obras de arquitectura atemporales no son diseños que figuran en postales, sino que, a menudo, son las pequeñas estructuras comunitarias hechas por lugareños, nacidas de sus interacciones colaborativas.

La arquitectura como territorio está definida no por la pertenencia a un lugar, sino por la transformación por la que

we've designed multi-unit residential projects and private homes, educational facilities, museum additions and insertions, and community centers. While budgets vary and some projects are more photogenic than others, each one needs to be approached with the same amount of consideration. As soon as we start to make a distinction between so-called high-end projects and low-end projects, we fall into an unavoidable trap. Every project represents an opportunity. We must search for the infrastructural value of a project, regardless of its program or size. Creating infrastructure is not just about building physical connections and structures. We are seeking to define the value of architecture as it performs at a level greater than the building itself. Infrastructure is an organizing force that includes a neighborhood, a city,

atraviesa un lugar como consecuencia de una intervención arquitectónica. La arquitectura como territorio no existe sin la gente. Surge de la cultura y del alma de un lugar.

La arquitectura como infraestructura

Hemos construido una amplia gama de proyectos tanto en México como en los Estados Unidos. Hemos diseñado grandes proyectos residenciales así como casas privadas, instalaciones educativas, anexos a museos y centros comunitarios. Si bien los presupuestos varían y algunos proyectos son más pintorescos que otros, es necesario abordar todos y cada uno de ellos con la misma consideración. Apenas empecemos a distinguir entre los llamados proyectos de alto costo y aquellos de menor inversión, caeremos en

a region, a country; it invests in the idea of the public realm as a crucial driver of development, which is not limited to large-scale urban work. Architecture has the power to be an important resource and instigator, to drive other projects and initiatives.

When did architecture and infrastructure become two separate things? As architects we have given up on infrastructure. We have somehow relinquished one of our primary opportunities to shape a city, putting it in the hands of others. Infrastructure has become an undesirable responsibility. In many cases it is an invisible value that cannot be photographed for the cover of a magazine and has therefore become a low priority in our quest for recognition. But the age of the object is over and we should reclaim our responsibility to position architecture as a catalyst,

una trampa inevitable. Cada proyecto representa una oportunidad. Debemos buscar el valor infraestructural del proyecto, más allá de su programa o tamaño. La creación de la infraestructura no solo tiene que ver con la construcción de conexiones y de estructuras físicas. Nuestra ambición es definir el valor de la arquitectura cuando actúa a un nivel superior que el del edificio mismo. La infraestructura es una fuerza organizadora que incluye un barrio, una ciudad, una región, un país. Apuesta a la idea del ámbito público como eje impulsor clave del desarrollo, que no está limitado a un trabajo urbano de gran escala. La arquitectura tiene el poder de ser una fuente importante y un catalizador, el poder de funcionar como motor de proyectos e iniciativas.

¿Cuándo fue que la arquitectura y la infraestructura se volvieron dos cosas

a conduit for creating new conditions for the city. We strive for architecture that provides improved efficiencies and networks, connects people to resources, creates new opportunities, and develops public assets.

diferentes? Como arquitectos, habíamos perdido la confianza en la infraestructura. Habíamos renunciado a una de nuestras oportunidades de darle forma a una ciudad, cediéndola a manos de otros. La infraestructura se ha convertido en una responsabilidad indeseable. En muchos casos, es un valor invisible que no puede fotografiarse para la portada de una revista y, por lo tanto, ha perdido prioridad en nuestra ambición por el reconocimiento. Pero la era del objeto ha llegado a su fin, y debemos reclamar nuestra responsabilidad para colocar la arquitectura como catalizador, como conducto para la creación de nuevas condiciones para la ciudad. Luchamos por una arquitectura que brinde un mejor rendimiento y mejores conexiones, que relacione a la gente con los recursos, que genere nuevas oportunidades y que desarrolle bienes públicos.

Actuality and Originality

Actualidad y originalidad

Alejandro Hernández Gálvez

In September 1993, the French magazine *L'Architecture d'Aujourd'hui* dedicated issue 288 to Mexico. It was the third issue the journal had devoted to the country, after number 109 thirty years before, in September 1963, and number 59 in April 1955. These first two issues were guest edited by Vladimir Kaspé, a Manchurian-born architect who had studied in Paris and lived in Mexico since 1942. Issue 59 included works by the architects Mario Pani, Pedro Ramírez Vázquez, Juan Sordo Madaleno, and Augusto H. Álvarez, among many others, and dedicated twenty-four pages to the recently inaugurated Ciudad Universitaria by Pani and Enrique del Moral. The issue published in 1963 included houses by Francisco Artigas and José María Buendía, markets by Ricardo Legorreta in Chimalhuacán, Alejandro Zohn in Guadalajara, and Félix Candela in Coyoacán, the Torre Banobras—a pyramidal-shaped office tower—by Pani, and the Pasaje Jacarandas—a Mexico City shopping plaza—by Torres y Velazquez, among other projects. In both issues a balance was sought between projects that responded to an idea of the generic and to international modernism, and those that responded to local culture. The issue published in 1993 and edited by Pierre Frachon showed works by only five Mexican architects: Latapi Boyselle; Albin, Vasconcelos, Elizondo; LBC Group; Alberto Kalach; and TEN Arquitectos. The journal included an essay by Guillermo Eguiarte titled "Between Actuality and Originality," which served as a historical introduction to the architecture presented.

While the cover image of the 1955 issue of *L'Architecture d'Aujourd'hui* represented a return to Mayan architecture and the 1963 issue featured an Olmec head on its cover, the story told by the 1993 issue begins in the 1920s. In his essay, Eguiarte writes that the end of the Mexican Revolution gave way to an era "full of romanticism and a taste for the picturesque." It was a climate of "false nationalism and the traditionalism of plasterboard." The dominant style of the period was neocolonial, which in the following decade would be, if not completely abandoned, at least questioned and reinterpreted. Although Eguiarte does not mention it, we can say that architecturally the 1930s began in 1933, when the Mexican Society of Architects organized the famous Pláticas de Arquitectura (Architectural Conversations), a series of conferences in which different architects, ranging from the most well-

En septiembre de 1993, la revista francesa *L'architecture d'aujourd'hui* dedicó su número 288 a México. Fue el tercero, después del 109, treinta años antes, en septiembre de 1963, y del 59, de abril de 1955. En los dos primeros números, el corresponsal de la revista había sido Vladimir Kaspé, arquitecto nacido en Manchuria, que estudió en París y que vivió en México desde 1942. En el número 55 se incluyeron obras de arquitectos como Mario Pani, Pedro Ramírez Vázquez, Juan Sordo Madaleno y Augusto H. Álvarez entre muchos más, pues se dedicaron 24 páginas a la recién inaugurada Ciudad Universitaria. En el número publicado en 1963 se incluían casas de Francisco Artigas y Jose María Buendía, un mercado de Ricardo Legorreta en Chimalhuacán, otro de Alejandro Zohn en Guadalajara y uno más de Candela en Coyoacán, la Torre Banobras, de Pani y el Pasaje Jacarandas, de Torres y Velázquez, entre otros proyectos. En ambos números se buscó cierto balance entre proyectos que respondían a una idea de la modernidad arquitectónica genérica e internacional al tiempo que seguían cierta idea de la cultura local. En el número publicado en 1993, preparado por Pierre Frachon, se mostraron obras de sólo cinco oficinas de arquitectos mexicanos: Latapi Boyselle, Albin, Vasconcelos y Elizondo, Grupo LBC, Kalach y TEN Arquitectos. La revista incluyó un ensayo de Guillermo Eguiarte, titulado *Entre actualidad y originalidad*, que servía de introducción histórica a la arquitectura presentada.

Si el número de 1955 retrocedía hasta los mayas y el de 1963 tenía una cabeza olmeca en la portada, en el de 1993 la historia empieza en la década de los veinte del siglo pasado. Eguiarte escribe que, terminada la Revolución, viene una época "cargada de romanticismo y de un gusto por lo pintoresco." El clima es de un "falso nacionalismo y de un tradicionalismo de cartón piedra." El estilo oficial era el *neo-colonial*, que en la siguiente década fue, si no completamente abandonado, al menos cuestionado y reinterpretado. Aunque Eguiarte no las menciona, podemos decir que arquitectónicamente la década de los treinta empieza en 1933, cuando la Sociedad de Arquitectos Mexicanos organizó las famosas *Pláticas:* una serie de conferencias en las que distintos arquitectos, desde los ya conocidos y respetados hasta los más jóvenes y radicales,

known and respected, to the youngest and most radical, presented their ideas about Mexican architecture, paying special attention to a new trend for functionalism and wondering what "architectural orientation in Mexico" should be going forward.

The most important architect of 1920s Mexico was Carlos Obregón Santacilia, who was responsible for projects such as the neocolonial Benito Juárez School and the severe art deco headquarters of the Ministry of Health. The following decade was dominated by Obregón Santacilia's most brilliant student, Juan O'Gorman, who would build dozens of houses and schools of radical austerity, products of what he called "technical architecture," before leaving the discipline to dedicate himself to painting. The prevailing image of modern Mexican architecture is strengthened in the 1950s, beginning in 1949 with Mario Pani's Centro Urbano Presidente Alemán (CUPA), residential blocks inspired by Le Corbusier's large urban projects, and ending in 1964 with another work by Pani, the immense Conjunto Urbano Nonoalco Tlatelolco, a sprawling apartment complex. Between these two works, Eguiarte emphasizes the construction of Ciudad Universitaria, for which, together with Enrique del Moral, Pani coordinated a team of more than a hundred architects. It was with this project that the definition of modern Mexican architecture was truly forged, integrating into new architecture the muralism—or "plastic integration"—that since the 1920s had represented artistic nationalism in new architecture, and which Obregón Santacilia did not hesitate to mockingly call "exterior decoration," adopting a term that O'Gorman had used in a talk in 1933. It was also during those years that Luis Barragán built his famous house in Tacubaya, although it would not significantly impact ideas of modern Mexican architecture until some years later. From the 1960s to the 1980s, Mexican architecture would be defined by the mixture of the elements described above.

The dialectic between modernity and tradition, as well as the dialogue between local influences and international movements, are consolidated in a more abstract revision of pre-Hispanic architecture, mainly in its relationship with open space and its tendency toward monumentality. Exposed materials, especially concrete, and architecture conceived almost as infrastructure could suggest a correlation with architectural movements in other

exponían sus ideas sobre lo que la arquitectura mexicana debería ser, con atención especial a la *nueva* tendencia: el funcionalismo, preguntándose cuál debía ser la "orientación arquitectónica en México." El arquitecto de los años veintes fue Carlos Obregón Santacilia, con proyectos como la escuela Benito Juárez, de estilo neocolonial, y el edificio de la Secretaría de Salud, que se va afinando a un severo Art Deco. Los treintas son la década del más brillante alumno de Obregón: Juan O'Gorman, quien construirá decenas de casas y escuelas de una austeridad radical, producto de lo que él mismo calificó como *arquitectura técnica*, antes de abandonar por un tiempo la disciplina para dedicarse de lleno a la pintura. La arquitectura moderna mexicana consolida realmente su imagen en la década de los cincuenta, que empieza en 1949, con el Centro Urbano Presidente Alemán (CUPA) de Mario Pani — inspirado por el Le Corbusier de los grandes proyectos urbanos— y termina en 1964, con otra obra también de Mario Pani, el inmenso Conjunto Urbano Nonoalco Tlatelolco. Entre esas dos obras destaca la construcción de Ciudad Universitaria, en donde el mismo Pani junto con Enrique del Moral coordinaron a un equipo de más de un centenar de arquitectos. Ahí se terminó de fraguar, combinando el muralismo que desde los años veinte era el estandarte del nacionalismo artístico con la nueva arquitectura, lo que se bautizó como *integración plástica*, y que Obregón Santacilia no dudó en llamar burlonamente y con un término que O'Gorman ya había utilizado en su charla del 33, como *decoración de exteriores*. También fue en esos años cuando Luis Barragán construyó su famosa casa en Tacubaya, que no tendrá efectos considerables en la idea de una arquitectura moderna mexicana sino hasta algunos años después. De los sesenta a los ochenta, la arquitectura mexicana se irá definiendo por una mezcla de esas líneas antes descritas. La dialéctica entre modernidad y tradición, así como aquella entre las influencias locales y los movimientos internacionales, se consolidan en una revisión más abstracta de la arquitectura prehispánica, principalmente de cierta relación con el espacio abierto, y una tendencia a lo monumental. Los materiales aparentes, especialmente el concreto, y la

places in the world, such as brutalism in Britain or Metabolism in Japan. Barragán digested his research into color and vernacular architecture, and transformed it into a style. By the end of the 1980s, many Mexican architects gave in to the temptation of postmodernism, but perhaps without the irony found in other locations. That is, briefly summarized, the historical context of Mexican architecture at the moment at which Enrique Norten began his work.

Norten studied architecture in Mexico at the Universidad Iberoamericana and in 1980 came to the United States to pursue a graduate degree at Cornell University under the tutelage of Colin Rowe and Oswald Mathias Ungers, both of whom explored the relationship between architectural composition and urban form. Upon returning to Mexico, Norten founded his office, TEN Arquitectos, in 1986. The September 1993 issue of *L'Architecture d'Aujourd'hui* published two of his projects: a social housing complex in the historic center of Mexico City, and a residence in one of the city's affluent neighborhoods. Presenting TEN's work, the magazine noted that "in its choice of materials and structures it shows high-tech influences, while the spatial organization demonstrates

arquitectura concebida casi como infraestructura podrían sugerir coincidencias con movimientos de otras latitudes, como el brutalismo inglés o el metabolismo japonés. El uso del color y las referencias a cierta arquitectura vernácula transformaron en *estilo* las investigaciones de Barragán. Para finales de los años ochenta, muchos arquitectos mexicanos cedieron a la tentación de los guiños *posmodernistas*, quizás sin la ironía que en otras latitudes suponían. Ese es, brevemente resumido, el contexto histórico de la arquitectura mexicana cuando Enrique Norten empieza a trabajar.

Enrique Norten estudió arquitectura en México en la Universidad Iberoamericana y en 1980 hizo un posgrado en los Estados Unidos, en Cornell, donde enseñaban entre otros Collin Rowe y Oswald Mathias Ungers, ambos interesados en entender la composición arquitectónica ligada a la forma urbana. De regreso a México, Norten fundó su taller, TEN Arquitectos, en 1985. En *L'architecture d'aujourd'hui* de 1993 se muestran dos proyectos suyos: un conjunto de vivienda social en el Centro Histórico de la Ciudad de México y una casa

01

02

a commitment to the Mexican tradition." But these two works reflect a more complex condition than the magazine suggests. The Brasil 75 residential complex (1992) [01] in the old center of the city was built a few years after the earthquake of 1985 and the reconstruction program that followed. The site of the building has irregular boundaries. Certainly its spatial organization embodies some of the Mexican tradition, but more than that, it reclaims the logic of vernacular affordable housing—the *vecindades*. Each house has a ground-floor workshop [02]. The dramatic level change in one of the two volumes references building traditions that are unusual for housing in Mexico but are also not necessarily high-tech, as with the use of exposed concrete—common in the modern architecture in Mexico and internationally—or the chain link that encloses the corridors, which Frank Gehry had given some sense of prestige in his expansion of his Santa Monica, California, home, built between 1978 and 1991 [03, 04].

Casa Ortiz (1991), the other work by TEN presented in *L'Architecture d'Aujourd'hui,* is a 1,900-square-foot construction—small for the Las Lomas neighborhood in which it is located. It occupies a long but narrow site abutting the base of a hill. The

03

04

en un barrio de lujo y periférico de la misma. Al presentar el trabajo de TEN Arquitectos, se afirma que "la elección de materiales y de estructuras deja aparecer influencias *high-tech*, mientras que la organización del espacio muestra su compromiso con la tradición mexicana." Pero tan sólo esas dos obras reflejan una condición más compleja. El conjunto de viviendas en la calle de Brasil [01], en el Centro Histórico de la ciudad, fue construido unos años después del terremoto de 1985 y del programa de reconstrucción que le siguió. El edificio se inserta en un terreno entre colindancias de forma irregular. Ciertamente la *organización del espacio* tiene algo de la tradición mexicana, pero recuperando más la lógica de la vivienda popular: las *vecindades*. A cada vivienda se le suma, en planta baja, un taller [02]. El cañón corrido en el último nivel de uno de los dos cuerpos hace referencia a tradiciones constructivas poco comunes para la vivienda en México pero no necesariamente *high-tech*, como tampoco lo son el concreto aparente, usual en la tradición arquitectónica moderna mexicana e internacional, ni la malla de acero que cierra los pasillos y a la que, por aquellos años, Frank Gehry había dado cierto prestigio en la ampliación de su casa en Santa Monica, California, construida entre 1978 y 1991 [03, 04]. La Casa Ortiz, la otra obra de TEN Arquitectos publicada en ese número, tiene 180 metros cuadrados de construcción —*pequeña* para lo usual en la zona donde se encuentra. Ocupa un terreno poco profundo y alargado, bloqueado al fondo por la topografía del sitio. La casa es un muro de contención habitado y desplegado en varios muros, cada uno de una apariencia material distinta: de piedra el más exterior, luego concreto aparente, uno más recubierto en mosaico veneciano color verde y al final otro estucado en blanco [05]. Sólo algunos cables y vigas de acero podrían sugerir, muy a la ligera, el calificativo de *high-tech*, que al menos en esas dos obras parece sobrado [06, 07]. Luego vendrían varios ensayos de grandes cubiertas, como en los comedores de Televisa o en la Escuela Nacional de Teatro, donde la búsqueda de una tecnología constructiva más sofisticada sí es clara. Por otro lado, el uso de materiales industriales, en el conjunto de vivienda del Centro Histórico, o los planos autónomos que generan el volumen de la casa en las Lomas,

05

06

house, which consists of a sequence of interior walls, each a different material—stone for the outermost wall, then exposed concrete, then a wall clad in a green Venetian mosaic, and finally one of white plaster—is in this way an inhabited retaining wall [05]. Only a few cables and steel beams suggest, very distantly, high-tech influences [06, 07]. Later the office would experiment with large concrete terraces, such as in the Televisa Dining Hall (1993) and the National School of Theater (1994), where we can see Norten searching for a more sophisticated construction technology. But the use of industrial materials, as seen in Brasil 75, and the autonomous planes that generated the volume of the house in Las Lomas, led to the application of another label to describe the work of TEN Arquitectos in those years, at least in Mexico: deconstructivist. Certainly there were affinities with other architects who were grouped, also vaguely, around this term, and not only because of the materials, structure, and spatial organization they favored, but also in their way of presenting projects [08–10]. A specific style of drawing—plans, sections, and axonometrics in dramatically contrasting black-and-white, used also by some architects on the

07

West Coast of the United States—suggested a level of formal research that was at that time less common in the Mexican context, where architects often had the opportunity to build earlier in their careers, but had to do so with greater speed.

Formally, in those years, the designs of TEN Arquitectos move between the articulation of clear volumes—"a box or a collection of boxes," as described by Witold Rybczynski—and their disarticulation as autonomous planes and surfaces. In some cases, the structure became more of a protagonist, and although exposed concrete continues to be a common material in TEN Arquitectos' architecture, through the increasing

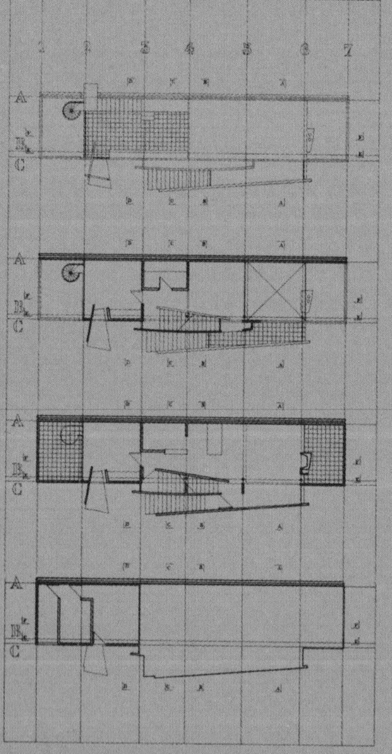

08

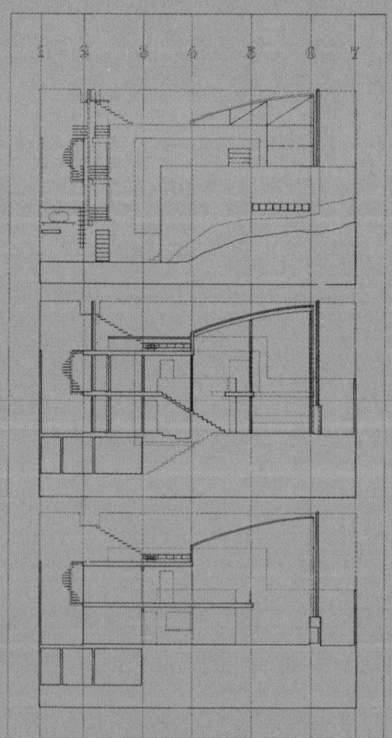

09

hicieron que por aquellos años, al menos en México, se usara otra etiqueta para describir la obra de TEN Arquitectos: *deconstructivismo*. Había sin duda ciertas afinidades con algunos arquitectos que fueron agrupados, también vagamente, bajo esos términos y no sólo en los materiales, la estructura y la organización espacial: también en la manera de presentar los proyectos [08–10]. Cierto tipo de dibujo —plantas, secciones y axonometrías en contrastado blanco y negro— cercano al de algunos arquitectos de la costa oeste de los Estados Unidos, sugiere un tipo de investigación formal entonces menos común en el contexto mexicano, donde los arquitectos podían construir más temprano en su carrera y debían hacerlo con mayor velocidad. Formalmente, los edificios de TEN Arquitectos de aquellos años se mueven entre la articulación de volúmenes claros —"una caja o un montaje de cajas," dice Witold Rybczynski— y su desarticulación en planos y superficies relativamente autónomos. En algunos casos la estructura resultó cada vez más protagónica y, aunque el concreto aparente siguió y sigue siendo un material recurrente en su arquitectura, el vidrio y el acero

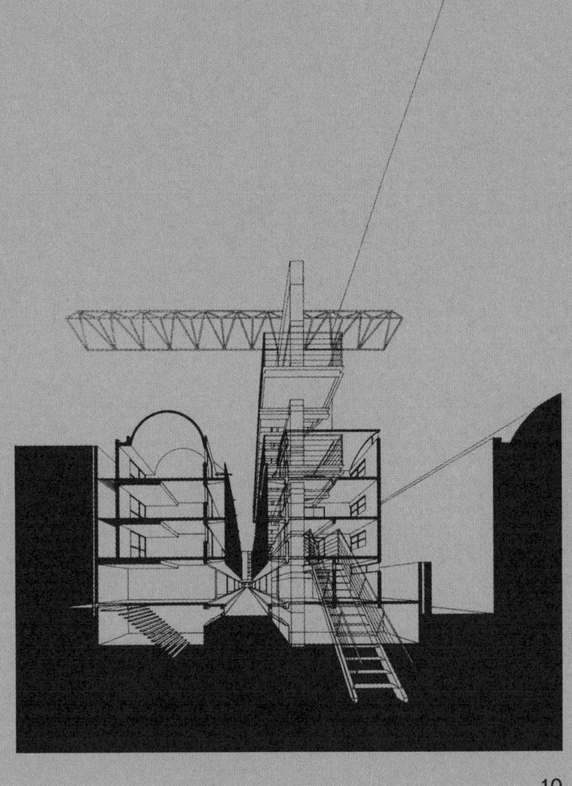

10

apuntan a una mayor ligereza visual y tectónica. En los proyectos de mayor escala o de mayor uso público, el juego de plazas y escalinatas es constante. Tal vez influencia de los estudios urbanos de Collin Rowe, pero según algunos que leen la arquitectura de TEN Arquitectos desde fuera de México, un efecto de la tradición local. Es cierto que en la obra temprana de Enrique Norten hubo más confrontación que continuación abierta y explícita de la tradición moderna mexicana, pero sería relativamente fácil

use of glass and steel they sought a greater visual and tectonic lightness. Their larger-scale and public projects consistently feature plazas and wide stairways. Perhaps TEN was influenced by Colin Rowe's urban studies, but according to others from outside Mexico, the firm's work reflected local tradition. Early in his career, there was indeed more conflict between Enrique Norten's architecture and the tradition of Mexican modernism, but it would be relatively easy to think of the Hotel Habita (2000) [11] as being along the lines of works by Augusto H. Álvarez or Torres y Velazquez, or of the Parque España 47 project (1991) [12] as following in the footsteps of the apartment buildings of Ramón Marcos or the engineer Boris Albin, and even to question whether Mercedes House, built in Manhattan in 2012, does not include a nod to Mario Pani's 1949 CUPA residential blocks.

In TEN Arquitectos' architecture there was, and perhaps still is, a tension that is shared in parts of Mexican architecture and perhaps anywhere outside the dominant centers of architectural thinking and creation: a tension between the invention of the new and the construction of tradition, between actuality and originality.

pensar al Hotel Habita [11] en la línea de Augusto H. Álvarez o de Torres y Velázquez, o al edificio de Parque España 47 [12] siguiendo los edificios de departamentos de Ramón Marcos o del ingeniero Boris Albin e incluso preguntarse si Mercedes House, obra construida en Manhattan en el 2012, no incluye un guiño al CUPA de Mario Pani, inaugurado, como ya se dijo, en la Ciudad de México en 1949. En su arquitectura, hubo y hay, tal vez, una tensión que se repite en parte de la arquitectura mexicana y quizás en cualquier arquitectura desarrollada al margen de los supuestos centros dominantes del pensamiento y la creación arquitectónicos, entre la invención de lo nuevo y la construcción de una tradición, entre —como dice el título que este texto no hace más que apropiarse— la actualidad y la originalidad.

12

11

Museo Amparo

Puebla, PUE, 2009–2012

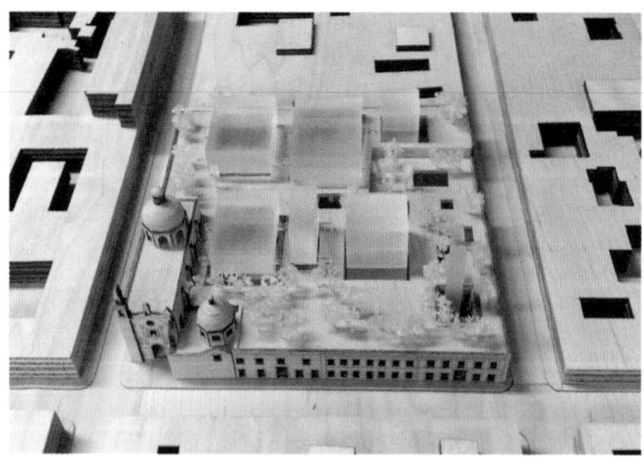

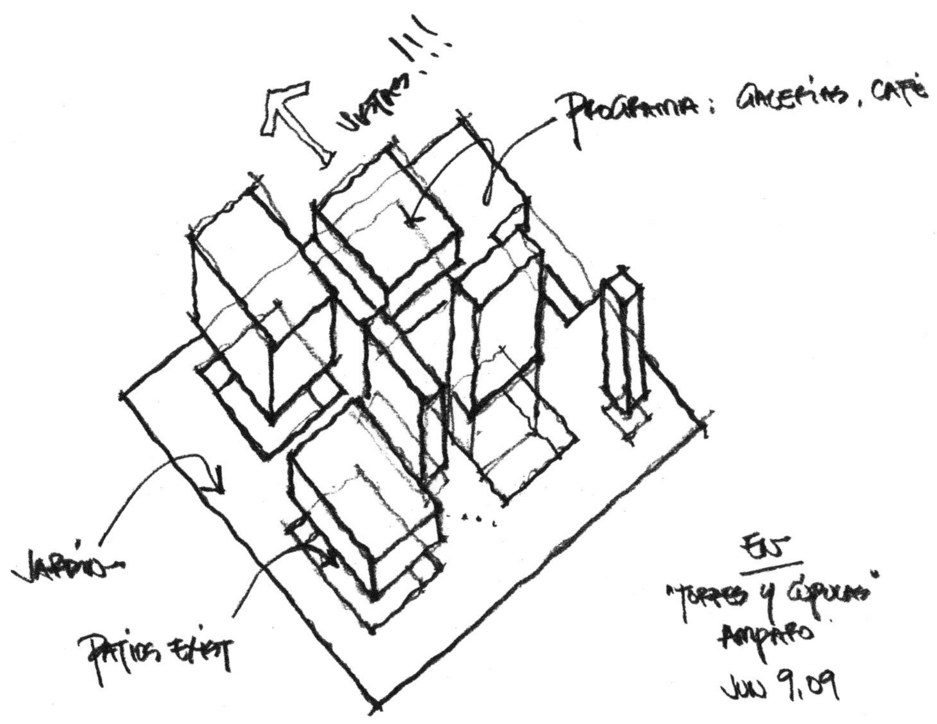

Located in the historical city of Puebla, the Amparo Museum is housed in a complex of colonial buildings that date from the seventeenth and eighteenth centuries. In 2009, TEN Arquitectos won a competition to increase the museum's exhibition capacity and improve visitor experience without compromising the original construction. Our investigations focused on determining how to carve public space out of the existing building. We modernized

Ubicado en la histórica ciudad de Puebla, el Museo Amparo se encuentra dentro de un complejo de edificios coloniales que datan del siglo XVII y XVIII. En 2009, TEN Arquitectos ganó un concurso para incrementar la capacidad de exposición del museo y mejorar la experiencia del visitante sin afectar la construcción original. Nuestra investigación se centró en determinar cómo forjar un espacio público a partir del edificio

AZOTEA PUEBLA
AMPARO
MAYO 23, 09

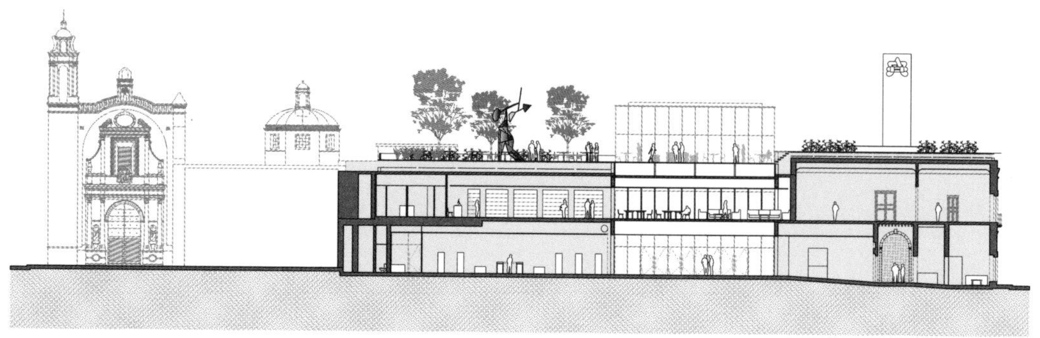

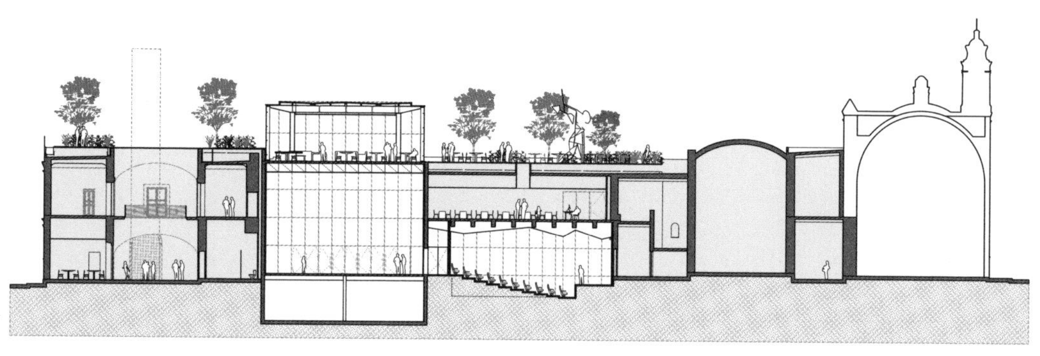

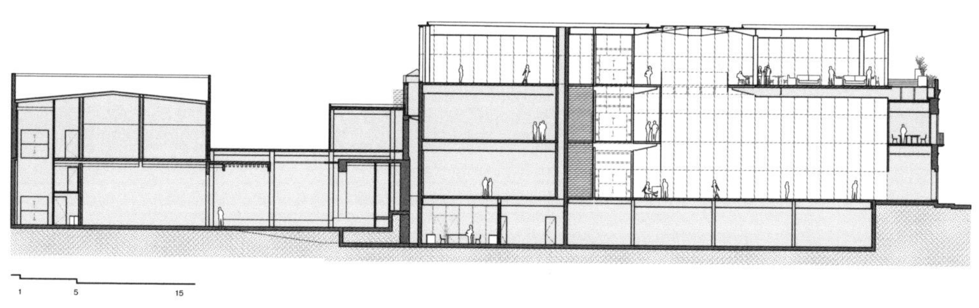
1
5
15

Arte Prehispanico
Galeria

the museum's spaces and revised its circulation with the insertion of glass vestibules of varying scales. With clarified circulation and updated facilities that bring new articulation and organization to the building, the additions to the old structure transform the Amparo Museum into a public venue rather than simply a repository for art. An extension to the roof of the building adds new terrace space for a cafe, connects the museum with the surrounding historic neighborhood, and integrates it as an equally valuable piece of the Amparo's collection.

ya existente. Modernizamos los espacios del museo y revisamos su circulación a través de la inserción de vestíbulos de vidrio de diferentes escalas. Con una clara circulación que le brinda al edificio una nueva articulación y organización, los anexos a la vieja estructura convierten al Museo Amparo en un edificio público en lugar de un mero depósito para el arte. La extensión al techo del edificio sumó un espacio nuevo de terraza para un café, conectando así al museo con el barrio histórico que lo rodea e integrándolo como una obra de igual valor a la colección Amparo.

CENTRO

Ciudad de México, CDMX, 2012–2015

The new 258,000-square-foot complex for CENTRO university is a vertical urban campus of stacked and intersecting volumes. Located on Constituyentes Avenue, one of Mexico City's busiest roads, the building takes advantage of its centrally located site while simultaneously orienting itself inward to create a safe and calm refuge for students. The building's four volumes house studios, study areas, a mediatheque, an art gallery, an auditorium, and faculty and

El nuevo complejo de más de 24,000 metros cuadrados para la universidad CENTRO es un campus urbano vertical constituido de volúmenes apilados y entrecruzados. Ubicado sobre la Avenida Constituyentes, una de las calles más transitadas de la Ciudad de México, el edificio toma provecho de su ubicación central a la vez que se orienta hacia su interior con el fin de crear un refugio tranquilo y seguro para los estudiantes. Los cuatro

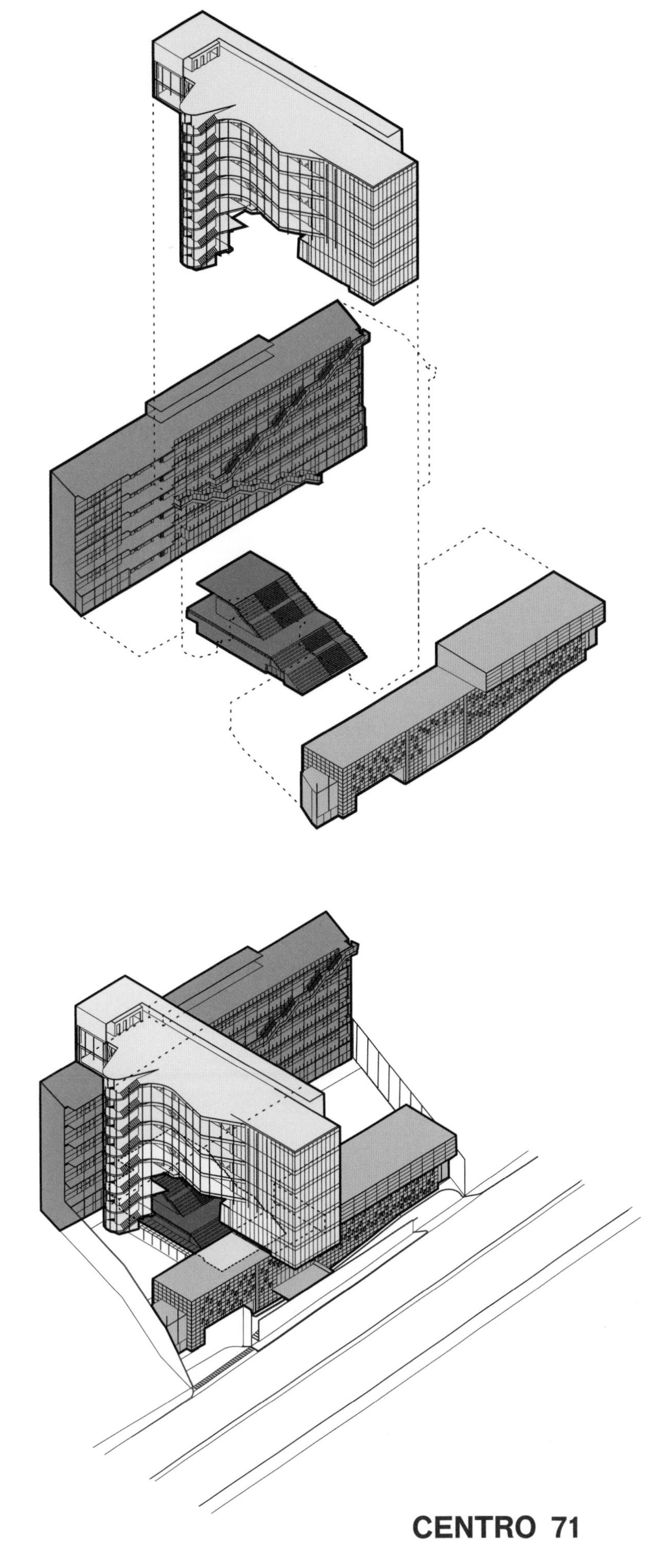

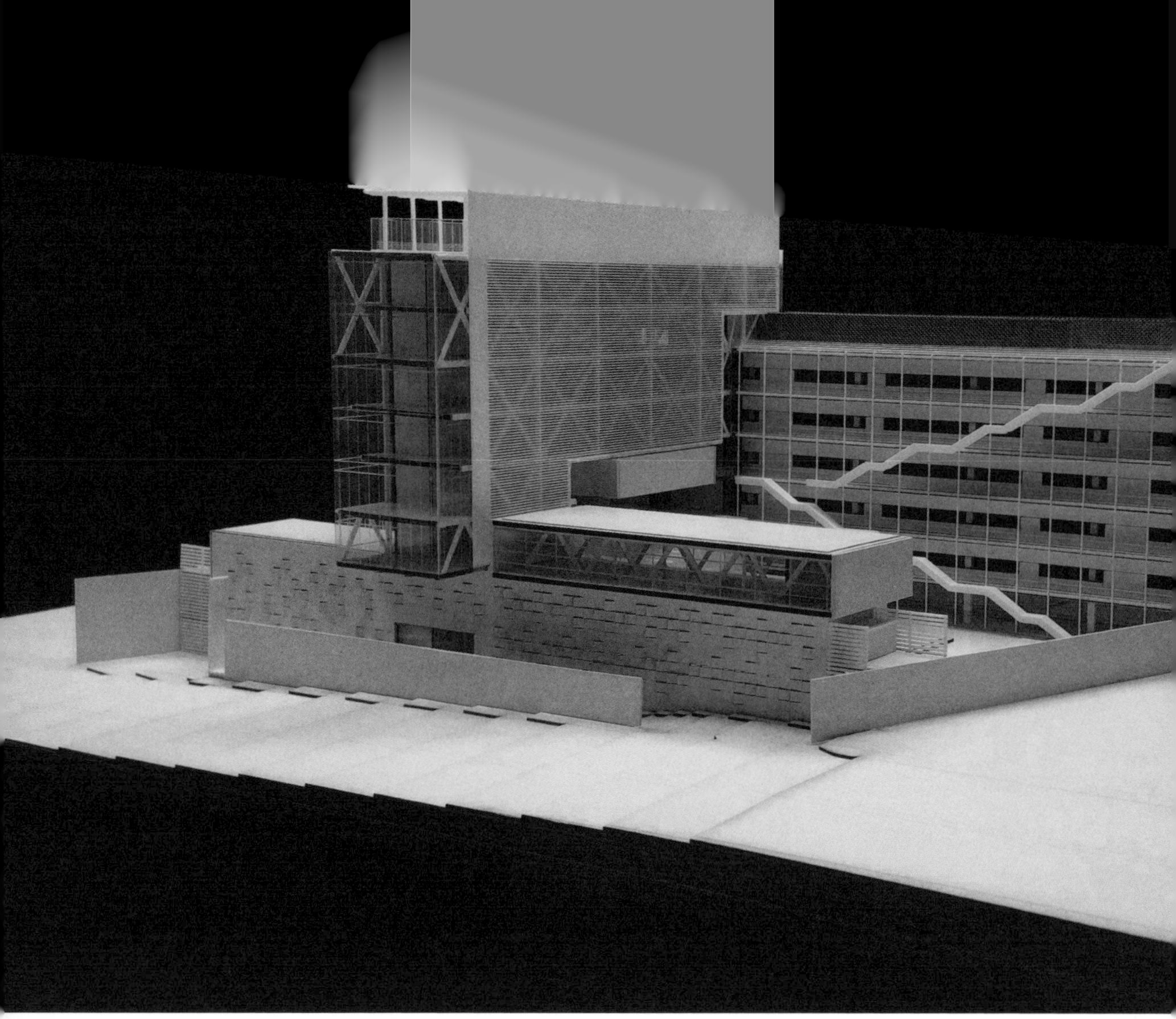

centro.

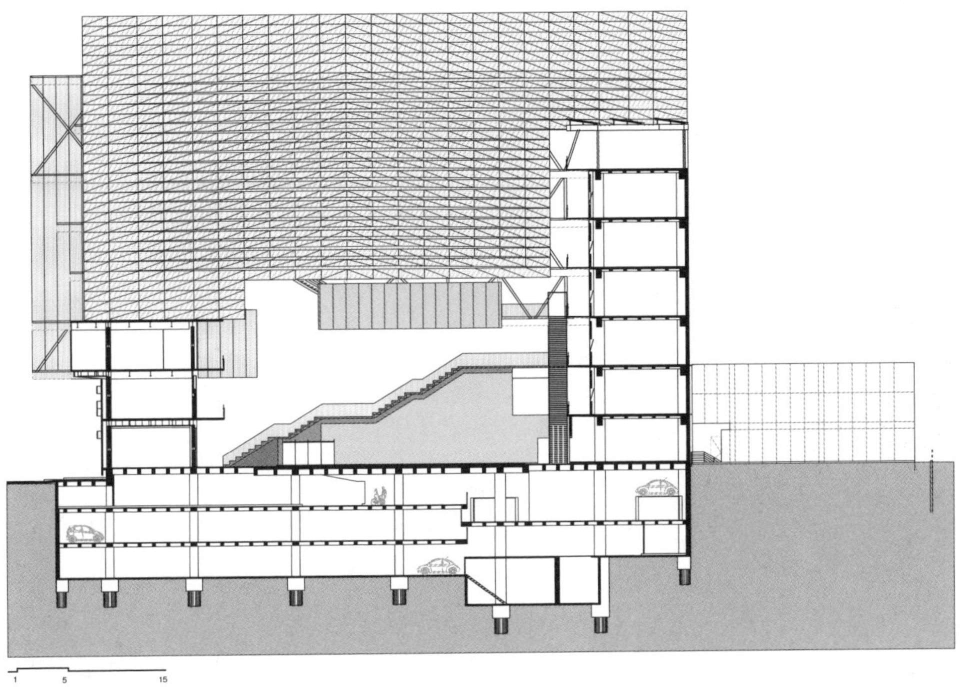
1
5
15

administrative offices that all center around a 7,000-square-foot campus lawn and a monumental staircase that doubles as a seating area. The overlapping volumetric composition presents a solid exterior on the ground floor, facing the adjacent traffic, but provides a sense of shared openness within and, as it rises vertically, captures views of the nearby Chapultepec Park.

volúmenes del edificio albergan áreas de estudio, una biblioteca, una galería de arte, un auditorio y oficinas administrativas y académicas que se centran alrededor de un parque de unos 650 metros cuadrados y una escalera monumental que funciona además como una gran sala de estar. La composición volumétrica superpuesta presenta una cara externa sólida en la planta baja que da hacia el tránsito adyacente pero que, a pesar de esto, brinda una sensación de apertura compartida. Además, a medida que suma altura, ofrece vistas del Parque de Chapultepec en las proximidades.

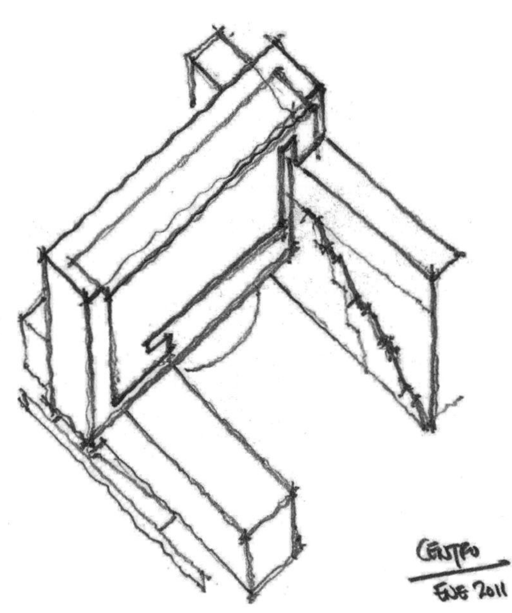

centro

ÓNIMO
EÑA PARA
LOTOV Y ES
ESADO DE
entro.

New York Public Library, Fifty-Third Street

New York, NY, 2013–2016

In a neighborhood dense with high-end retail, luxury residences, and blue-chip institutions and offices, this 28,000-square-foot branch of the New York Public Library (NYPL) fulfills a much-needed role as an accessible space and a touchstone for the local community and visiting tourists. TEN Arquitectos activated the mostly below-grade space, transforming it into an inviting, open, and light-filled civic landscape with a clear glass facade that virtually disappears to

En un barrio repleto de tiendas de alta categoría, residencias de lujo, instituciones y oficinas de primera fila, esta sucursal de la New York Public Library, o Biblioteca Pública de Nueva York, de nada menos que 2600 metros cuadrados, cumple el imprescindible rol de lugar accesible y de punto de referencia tanto para la comunidad local como para los turistas que están de paso. TEN Arquitectos activó el espacio, en su mayor parte bajo el nivel del suelo,

53rd
Street
Library
New York
Public
Library
New York
Public

53RD
STREET
LIBRARY

New York
Public
Library
ANDERSEN
13
LIVE

York

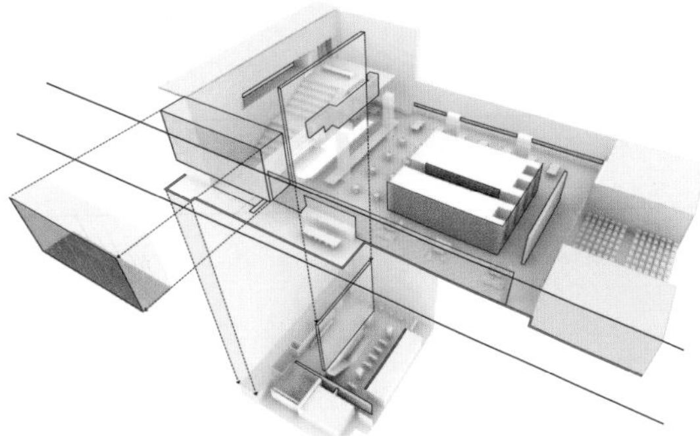

COLLECTION / COLECCIÓN

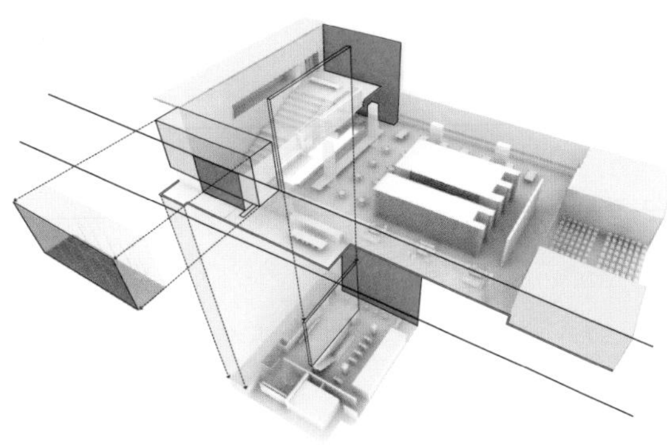

ART / ARTE

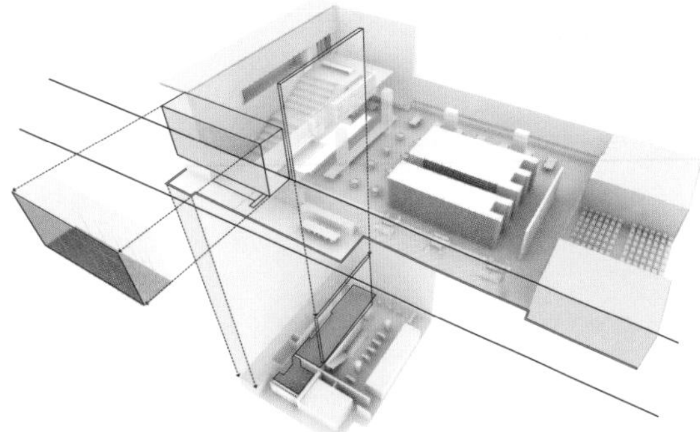

CHILDREN'S AREA / ÁREA DE NIÑOS

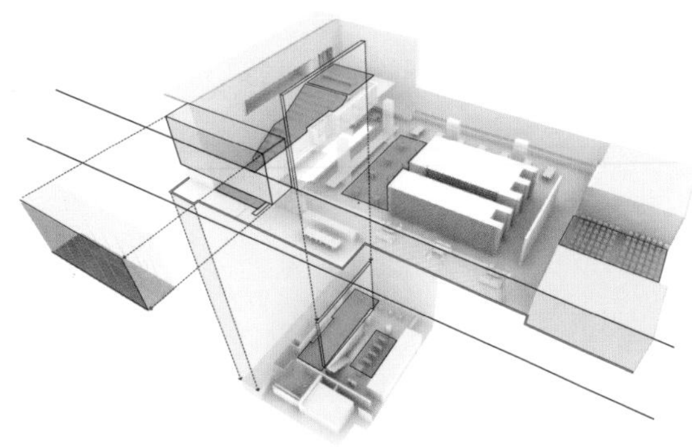

EVENT SPACES / ESPACIO PARA EVENTOS

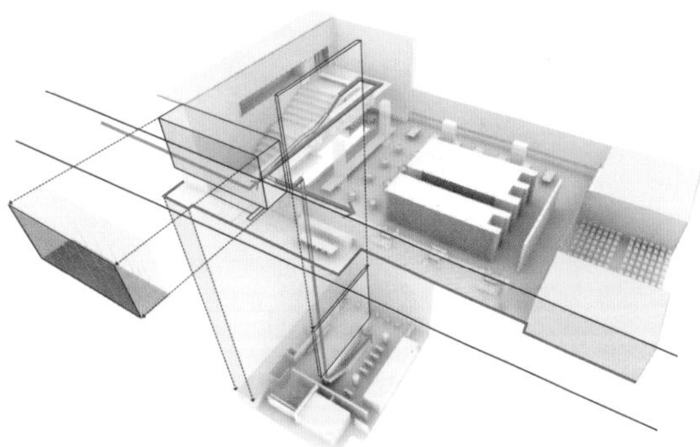

CIRCULATION / CIRCULACIONES

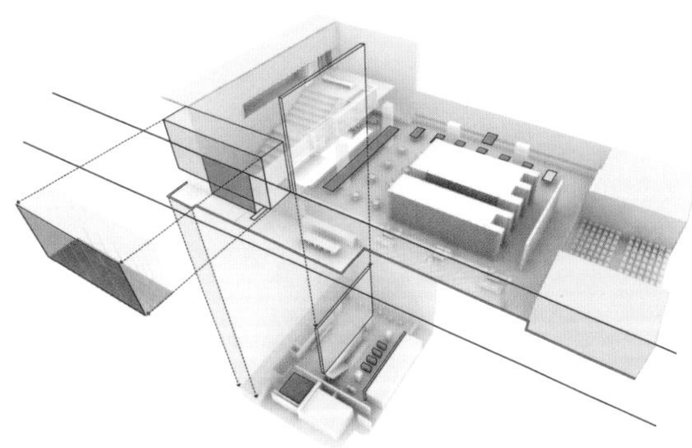

TECHNOLOGY / TECNOLOGÍA

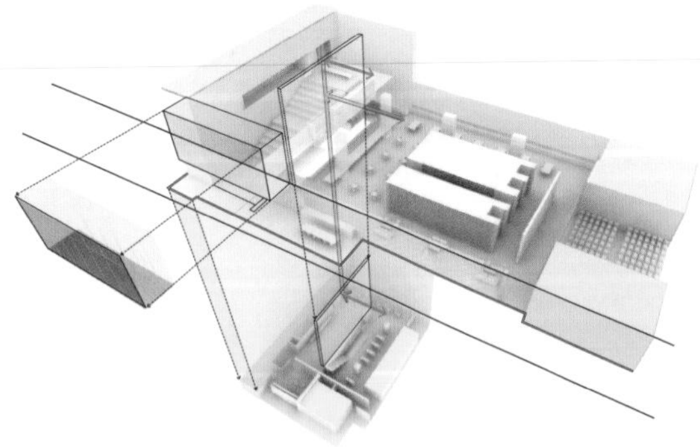

ART / ARTE

reveal a dynamic internal topography. From the street-level entrance, passersby can see the myriad programs taking place within the library at different levels. The building thus interacts with the surrounding community. As the newest NYPL branch, the Fifty-Third Street location positions itself as a platform for change and exchange by seamlessly bringing the city into the building.

transformándolo en un paisaje cívico abierto, luminoso y acogedor, con una fachada de vidrio transparente que prácticamente desaparece para revelar una dinámica topografía interna. Desde la entrada que da a la calle, los transeúntes pueden ver la variedad de eventos que tienen lugar en los diferentes niveles de la biblioteca. De esta manera, el edificio interactúa con la comunidad que lo rodea. Al integrar la ciudad al edificio de forma homogénea, el espacio de la Calle 53, la sucursal más nueva de la NYPL, ansía funcionar como una plataforma para el cambio y el intercambio.

ANATOMY
CUBA
NFL QB

PICTURE BOOKS

BOARD BOOKS

West End Square 37

Washington, DC, 2010–2017

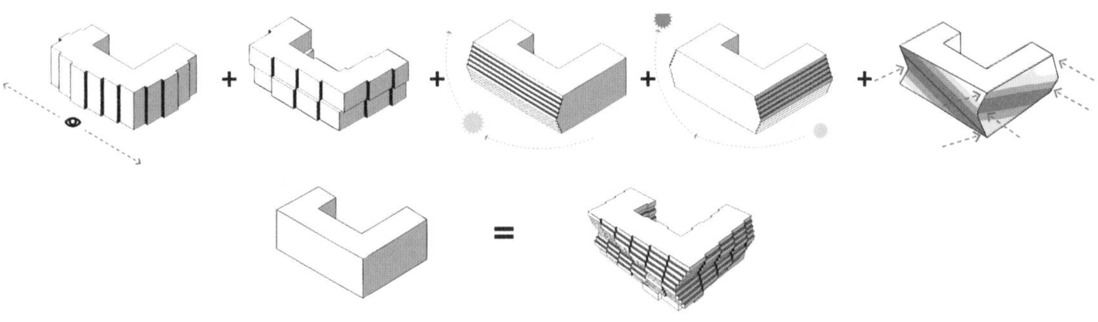

On a quiet block of L Street between Twenty-Third and Twenty-Fourth Streets, West End Square 37 shapes the city corner. The building's warped facade is generated by the unique conditions of the site, which challenge the limits of prescribed zoning regulations and result in a dynamic urban space. Representative of an unusual typology within Washington, DC, sections of the building protrude and make its presence known, even from a distance—west down L Street,

En una cuadra tranquila de la calle L, entre las calles 23 y 24, West End Square 37 le da forma a la esquina. La fachada encorvada del edificio se genera a partir de las condiciones particulares del lugar que desafían los límites de las restricciones de zonificación prescritas y que dan como resultado un espacio urbano dinámico. Conformando una tipología poco común dentro de Washington DC, hay secciones del edificio que sobresalen y se

L ST NW
2400
24 ST

EAST CORE / NÚCLEO ESTE

STAFF ELEVATOR / ELEVADORES DE PERSONAL

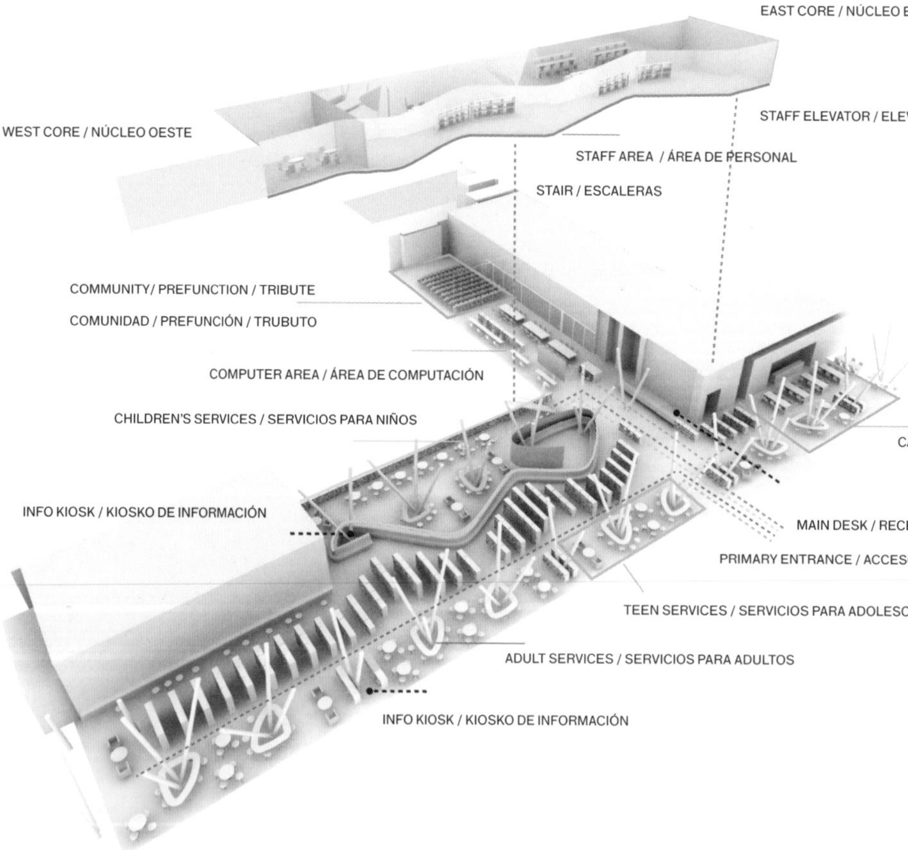

WEST CORE / NÚCLEO OESTE

STAFF AREA / ÁREA DE PERSONAL

STAIR / ESCALERAS

COMMUNITY/ PREFUNCTION / TRIBUTE

COMUNIDAD / PREFUNCIÓN / TRUBUTO

COMPUTER AREA / ÁREA DE COMPUTACIÓN

CHILDREN'S SERVICES / SERVICIOS PARA NIÑOS

CAFE / CAFÉ

INFO KIOSK / KIOSKO DE INFORMACIÓN

MAIN DESK / RECEPCIÓN

PRIMARY ENTRANCE / ACCESO PRINCIPAL

TEEN SERVICES / SERVICIOS PARA ADOLESCENTES

ADULT SERVICES / SERVICIOS PARA ADULTOS

INFO KIOSK / KIOSKO DE INFORMACIÓN

from Washington Circle, from points north on Twenty-Third Street—and other sections are stepped in to respect the views of neighbors and to minimize the impact of the bulk of the residential block over the surrounding lower-rise buildings. As one approaches West End Square 37, the uniform stepping of the facade becomes clear, individualizing and expressing each residential unit. Within the building, several spaces are accessible to the public as well as the residents. The ground floor of the building houses a new branch of the DC Public Library, a cafe, and retail spaces that enliven the street as public space.

hacen notar incluso a la distancia (hacia el oeste por la calle L, desde el Washington Circle, y en partes al norte en la calle 23), y hay otras secciones que están más escondidas para respetar las vistas de los vecinos y minimizar el impacto que tiene el gran volumen del bloque residencial por sobre los edificios bajos que lo rodean. A medida que uno se acerca a West End Square 37, el escalonamiento uniforme de la fachada se revela, individualizando y manifestando cada una de las unidades residenciales. Dentro del edificio, hay varios espacios que son accesibles tanto para los residentes como para el público. La planta baja del edificio alberga una nueva sucursal de la Biblioteca Pública del DC, así como un café y espacios para pequeños comercios que avivan la calle como espacio público.

PASTA Mania
Simply Deli

West End Square 50

Washington, DC, 2010–2017

West End Square 50 brings much-needed public amenities into the West End neighborhood of Washington, DC. Three distinct programs—a two-story squash club, affordable residential housing, and a new fire station for Engine Company No. 1—are situated in clearly articulated, stacked volumes that push and pull the otherwise consistent street wall to create more engagement and activity. The building's main public spaces are shaped between the ground-level

West End Square 50 suma los servicios que tanto le hacían falta al barrio de West End de Washington, DC. Los diferentes programas arquitectónicos, un club de squash de dos pisos, un conjunto de residencias asequibles y una nueva estación de bomberos para Engine Company No. 1, están situados en volúmenes claramente apilados que funcionan como factores de atracción y de expulsión en un muro urbano que por lo demás

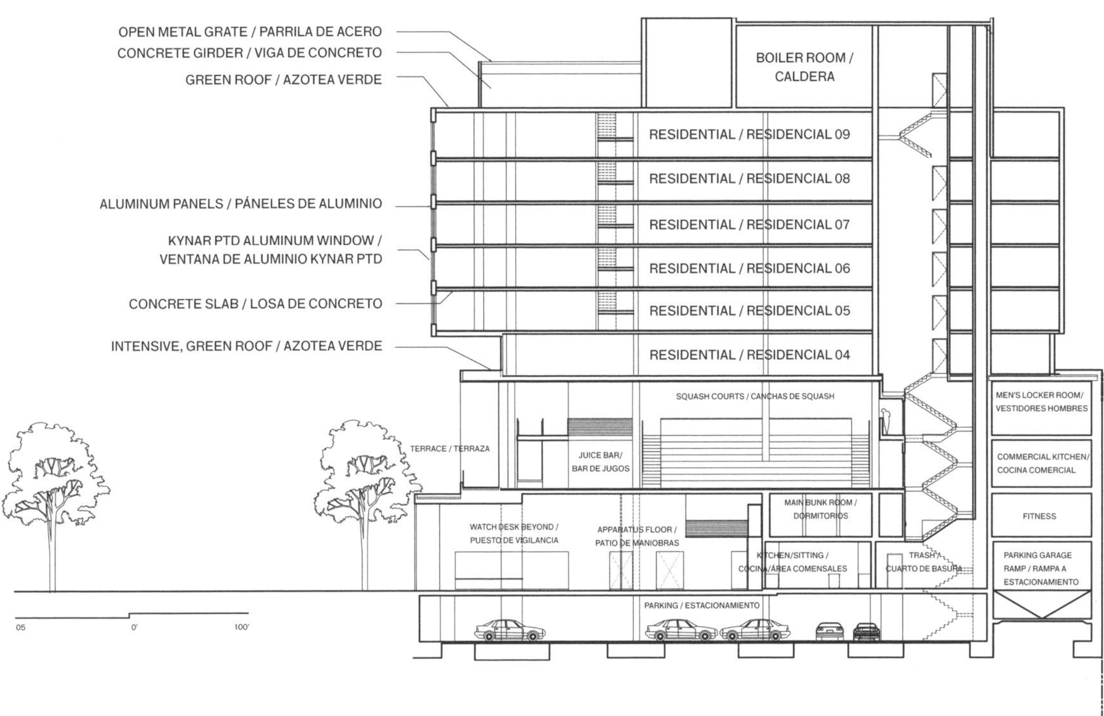
OPEN METAL GRATE / PARRILA DE ACERO
CONCRETE GIRDER / VIGA DE CONCRETO
GREEN ROOF / AZOTEA VERDE
ALUMINUM PANELS / PÁNELES DE ALUMINIO
KYNAR PTD ALUMINUM WINDOW / VENTANA DE ALUMINIO KYNAR PTD
CONCRETE SLAB / LOSA DE CONCRETO
INTENSIVE, GREEN ROOF / AZOTEA VERDE
BOILER ROOM / CALDERA
RESIDENTIAL / RESIDENCIAL 09
RESIDENTIAL / RESIDENCIAL 08
RESIDENTIAL / RESIDENCIAL 07
RESIDENTIAL / RESIDENCIAL 06
RESIDENTIAL / RESIDENCIAL 05
RESIDENTIAL / RESIDENCIAL 04
SQUASH COURTS / CANCHAS DE SQUASH
TERRACE / TERRAZA
JUICE BAR/ BAR DE JUGOS
MEN'S LOCKER ROOM/ VESTIDORES HOMBRES
COMMERCIAL KITCHEN/ COCINA COMERCIAL
FITNESS
MAIN BUNK ROOM / DORMITORIOS
WATCH DESK BEYOND / PUESTO DE VIGILANCIA
APPARATUS FLOOR / PATIO DE MANIOBRAS
KITCHEN/SITTING / COCINA/ÁREA COMENSALES
TRASH / CUARTO DE BASURA
PARKING GARAGE RAMP / RAMPA A ESTACIONAMIENTO
PARKING / ESTACIONAMIENTO
05
0'
100'

fire station and the upper residential volume, in a two-story glass box occupied by the squash club and a public terrace that overlooks M Street.

es homogéneo, creando así más dinamismo y actividad. Los espacios públicos principales del edificio se dan lugar entre la estación de bomberos de la planta baja y el volumen residencial superior, en una caja de vidrio de dos pisos que ocupa el club de squash y una terraza pública con vistas a la calle M.

DC'S SQUASH CAPITAL
SPRING 2017
ONE WAY

BAM Downtown Brooklyn Cultural District

Brooklyn, NY, 2008–2017

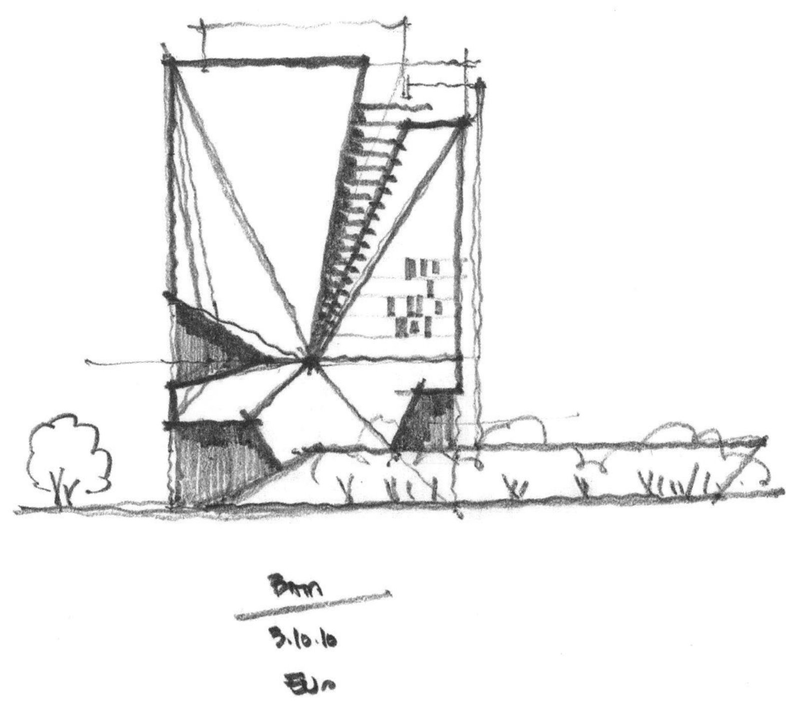

The Downtown Brooklyn Cultural District defines the gateway to the Brooklyn Academy of Music (BAM) and creates a new topography of civic space. Occupying the south portion of a triangular lot in Downtown Brooklyn, the slim footprint of the mixed-use tower leaves most of the site to a new 15,000-square-foot public plaza. The building base is composed of a series of exterior terraces that create an active urban experience along Flatbush Avenue, bringing

El Distrito Cultural del Centro de Brooklyn define la puerta de acceso a la Academia de Música de Brooklyn o, en inglés, Brooklyn Academy of Music (BAM), creando una nueva topografía del espacio cívico. Al ocupar el sector sur de un lote triangular en el centro de Brooklyn, la delgada presencia de la torre de usos mixtos le cede la gran parte del lugar a una nueva plaza pública de unos 1400 metros cuadrados. La base del edificio está

together public and private entities. Lifting the plaza upward allows retail businesses to line the full perimeter of the base and avoid an internal mall organization. With several public entrances, the porous building aims to facilitate an easy flow of people into and out of the cultural and retail spaces. Additionally, the stepped topography of the plaza can be used for outdoor programming such as film screenings, dance performances, or farmers' markets.

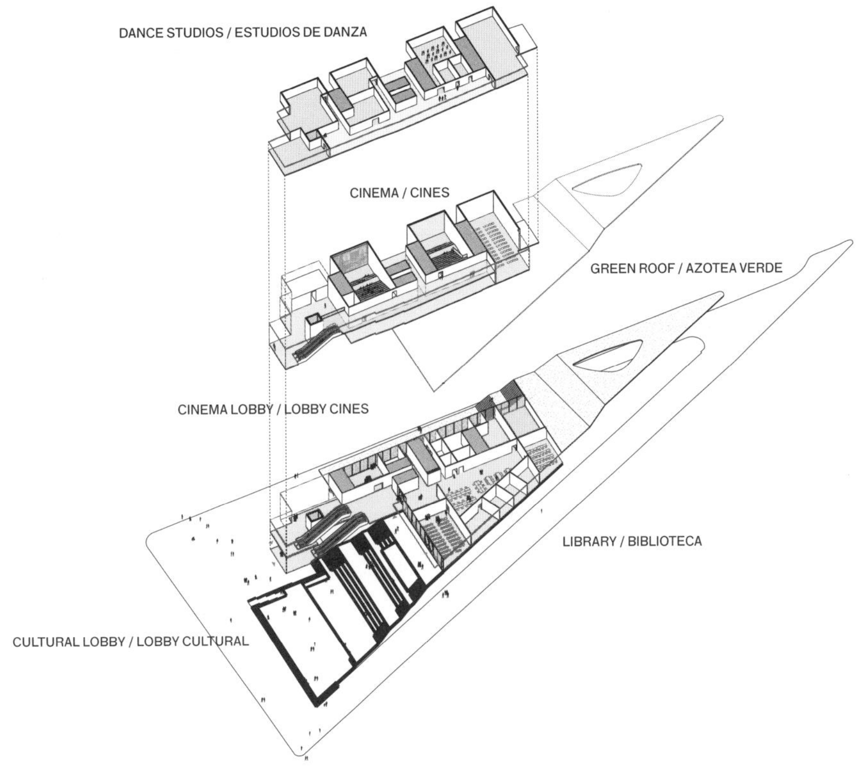
DANCE STUDIOS / ESTUDIOS DE DANZA
CINEMA / CINES
GREEN ROOF / AZOTEA VERDE
CINEMA LOBBY / LOBBY CINES
LIBRARY / BIBLIOTECA
CULTURAL LOBBY / LOBBY CULTURAL

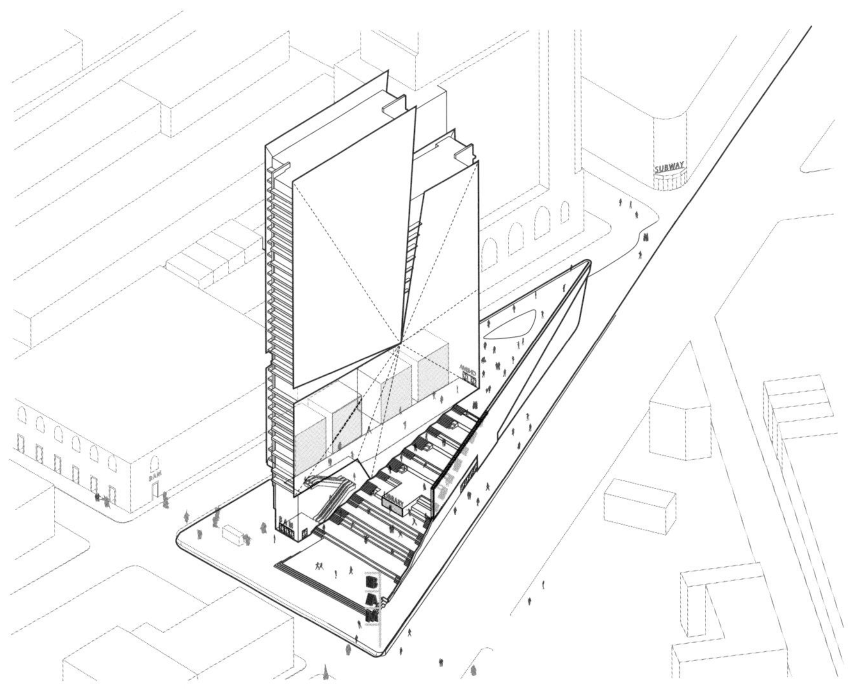
SUBWAY

Pete Bergman

compuesta por una serie de terrazas exteriores que crean una experiencia urbana dinámica a lo largo de la Avenida Flatbush, hermanando las entidades públicas y privadas. El hecho de elevar la plaza permite que los pequeños comercios ocupen la totalidad del perímetro de la base, evitando así una organización interna de centro comercial. Con varias entradas públicas, el objetivo de este edificio poroso es facilitar un cómodo flujo de gente hacia los espacios culturales y comerciales así como también fuera de ellos. Además, la topografía escalonada de la plaza puede utilizarse para eventos al aire libre, ya sea proyección de películas, espectáculos de danza, o bien, para la instalación de mercados.

Dialogue / **Diálogo**

Enrique Norten, Elizabeth Diller, Thom Mayne

Moderated by / **Moderado por**

Cathy Lang Ho, Julia van den Hout

Cathy Lang Ho When we first started working on this book, Enrique described the importance of the conversations he has with his peers. So we would like to start this discussion with the idea of inspiration: How important is it for each of you to look at other architecture and to talk about architecture with your colleagues?

Thom Mayne The question of inspiration is a very difficult one. I work with process and I ask questions as part of an almost psychoanalytical process. I don't come in with an idea, so I'm going to ask questions. Inspiration is, to me, an extremely old-fashioned kind of Frank Lloyd Wright idea, where people come in with a massive ego and talent.

Enrique Norten Architecture is about inspiration in the sense that it's a process of analysis and eventually you try to find certain lights at the end of the tunnel. It's not like in other creative disciplines, where you have one inspiring idea or vision that leads a project and leads you to a solution.

Elizabeth Diller I don't believe that inspiration isn't something for either of you. Inspiration doesn't come from God; it could come from analysis, it could come from a subjective feeling, an aesthetic idea, a critical idea. It could come from anything, but it's not scientific.

TM I'm not at all saying it's scientific. It includes interpretive and complex emotional structures. You have intelligence emotionally, as well as intellectually. Architecture always combines, somehow, the two of those.

ED We cannot plan it and we cannot force it. Sometimes in the office, I go to the bathroom just to get some privacy, just so I cannot be besieged by all the noise of the day. For me, it is important to tune out the noise to zone out.

Julia van den Hout Each of you comes from a very different background—different teachers, educated in different environments with different mentalities. How important are those factors? Do you see this resulting in disparate approaches?

TM As architects, we're very personal. We come in with our own baggage and our own ideas. But the three of us share a commonality of resistance, I think. For me as a young architect, Mies and Le Corbusier were just not interesting anymore. I traveled to the Centre Pompidou every summer, watching the building under construction. I went through a Tendenza and neorationalism phase. I looked at early Michael Graves and his Crooks House, which completely blew me away. There was no singular force in architecture anymore. Los Angeles had been this very powerful regional place, making architecture that started with Rudolph Schindler and Richard Neutra, and all of a sudden, the world changed, and we were working globally.

Cathy Lang Ho Cuando empezamos a trabajar en este libro, Enrique describió cuán importantes son las conversaciones que tiene con sus colegas. Así que nos gustaría empezar esta charla con la idea de la inspiración. ¿Qué importancia tiene para cada uno el detenerse a observar otra arquitectura y hablar de arquitectura con sus colegas?

Thom Mayne El tema de la inspiración es complejo. Trabajo con un proceso y hago preguntas como parte de un proceso casi psicoanalítico. No llego con una idea, por lo tanto, haré preguntas. Para mí, la inspiración es un tipo de idea sumamente anticuada, al mejor estilo Frank Lloyd Wright, a la que la gente llega con grandes egos y con talento.

Enrique Norten La arquitectura es inspiración en el sentido que es un proceso de análisis y que eventualmente uno trata de encontrar ciertas luces al final del túnel. No es como en otras disciplinas creativas en las que uno se inspira y tiene una idea o una visión que lo lleva a un proyecto que a la vez lo lleva a una determinada solución.

Elizabeth Diller No creo que la inspiración no sea algo para ustedes. La inspiración no viene de Dios. Puede surgir del análisis, de un sentimiento subjetivo, de una idea estética o una idea crítica. Puede surgir de cualquier cosa, pero no es algo científico.

TM No, para nada. No digo que sea algo científico. Es algo que incorpora complejas estructuras interpretativas y emocionales. La inteligencia es tanto emocional como intelectual. De alguna manera, la arquitectura siempre combina tanto una como la otra.

ED No se la puede planear ni forzar. A veces, en la oficina, voy al baño buscando un poco de privacidad para escapar del alboroto del día. Para mí, es importante bloquear el ruido para poder aislarme.

Julia van den Hout Cada uno de ustedes viene de trasfondos muy diferentes: tuvieron diferentes maestros, se formaron en ambientes distintos, con mentalidades distintas. ¿Cuán importante son estos factores? ¿Los ven como la razón de sus diferentes enfoques?

TM Como arquitectos, somos muy personales. Venimos con nuestro equipaje y nuestras ideas. Pero los tres compartimos algo en común que tiene que ver con la resistencia, creo. En mi experiencia, cuando era un joven arquitecto, Mies y Le Corbusier ya no me resultaban interesantes. Cada verano, viajaba hasta el Centro Pompidou para ver el edificio en construcción. Pasé por una fase Tendenza y otra fase neo-racionalista. Me inspiré en un Michael Graves temprano, cuya Casa Crooks me voló completamente la cabeza. Ya no quedaban en la arquitectura fuerzas singulares. Los Ángeles solía ser ese lugar regional de mucho poder, creando la arquitectura que comenzó con Rudolph Schindler y Richard Neutra y, de pronto, el mundo cambió. Ahora trabajamos en forma global.

EN I came from a very technical school. As a matter of fact, when I graduated, I started working as a contractor because in Mexico, you could not collect much of an architectural fee. If somebody hired me to design a little expansion, I would build it myself, just so I could charge some extra money.

CLH Were you all really physically building when you started?

ED We were doing independent projects. We received small grants for these installations and paid for most of them on our credit cards, which we spent the next ten years paying off. But we built most of the installations and first projects in our own studio. The notion of being very connected to what it is and imagining how to make something on the cheap that's bolted together was a great learning process. It became a kind of aesthetic that lingered with us, but it initially came out of need.

TM Today, I think it's a huge issue in architecture, students knowing how to build. That's not part of today's educational environment.

ED There's a disconnect between an idea and the way it's made. With digital modeling and the technological proficiency that kids have today, there's a kind of form-making that's independent of scale, material, and construction. The ideas aren't necessarily disciplinary and they're not necessarily about an interest in putting things together. It's a very generational issue.

EN Liz, from a very early stage you were interested in transforming new technologies into ideas, like in one of your first projects, the Brasserie restaurant in the Seagram Building. The details were beautiful, but to me the most brilliant thing was the cameras at the entrance.

ED Yes, but now that's all gone. The restaurant no longer exists.

JvdH We think of architecture as something stable and permanent, but so much of it ends up being quite temporary.

TM We used to joke that it was like working on an Etch A Sketch—you make something and two years later, it's gone. We were so involved in the process, it never actually bothered us that much. It goes away and it's totally fine because we were so engaged in the making of it. In some ways, it was kind of useful; it was ephemeral.

JvdH Is that mindset a result of the reliance on a system of competitions, or has that system developed as an evolution of this way of thinking? As architects you put in a significant amount of physical, intellectual, and emotional time to create a scheme, but the number of projects you actually end up winning through a competition process is usually very low. How does that affect design thinking?

EN Yo vine de una escuela muy técnica. De hecho, cuando me recibí, comencé a trabajar en forma independiente porque en México no se podía cobrar mucho en términos de honorarios. Si alguien me contrataba para diseñar una pequeña extensión, la construía con mis propias manos para poder cobrar un poco de dinero extra.

CLH ¿Todos ustedes solían construir físicamente cuando comenzaron a trabajar?

ED Nosotros hacíamos proyectos independientes. Recibíamos pequeños apoyos por las instalaciones y pagábamos la mayoría con nuestra tarjeta de crédito, que luego tardaríamos diez años en pagar. Pero la mayoría de las primeras instalaciones y proyectos los construimos en nuestro propio despacho. La idea de estar bien conectado y pensar en cómo construir algo con poco dinero fue un proceso de aprendizaje. Se volvió una especie de estética que permaneció con nosotros, pero inicialmente lo hicimos por necesidad.

TM En la actualidad, creo que este es un problema en la arquitectura, el hecho de que los estudiantes no saben cómo construir. No es parte del ambiente educativo de hoy.

ED Hay una falta de conexión entre la idea y la manera en que está hecha. Con el modelado digital y la capacidad tecnológica que los jóvenes tienen hoy, hay un tipo de creación de la forma que es independiente de la escala, del material y de la construcción. Las ideas no son necesariamente disciplinarias y no necesariamente tienen que ver con el deseo de hacer cosas. Es una cuestión generacional.

EN Liz, desde los inicios, te interesaste en transformar nuevas tecnologías en ideas, como en uno de tus primeros proyectos, el restaurante Brasserie en el edificio Seagram. Los detalles eran bellísimos pero, para mí, lo más maravilloso eran las cámaras a la entrada.

ED Sí, pero nada de eso existe ya. El restaurante ya no existe.

JvdH Pensamos en la arquitectura como algo estable y permanente, pero una gran parte termina siendo temporal.

TM Solíamos bromear que era como trabajar en dibujos Etch-A-Sketch: construyes algo y, dos años después, ya no está. Estábamos tan involucrados en el proceso que de hecho nunca nos molestó demasiado. Desaparece, pero está bien, porque estábamos comprometidos en hacerlo. De cierta manera, fue útil, fue efímero.

ED When you do so many competitions, disappointment is structured into your thinking. As a result, you actually feel like you've done something by thinking a project through. There's a certain transience to the way we operate. The most important thing is actually having taken a thought through to the end and the satisfaction of having conceived of something. It's wonderful to actually build things, but it's not the only thing that drives us. It's moving ideas forward.

TM We all spend a certain amount of time competing with each other. We're in this little, tiny world of architects. Usually competitions run five to eight weeks. By the second or third week, we're articulating our position, and often this is in reference to the other teams in the competition, who are usually people we know. From the beginning of the design process, I'm assessing whether we have a distinct voice and whether we're hunkering down in a position that's identifiable. Otherwise, we're going to cancel.

EN I do like competitions for that reason. They urge you to separate yourself and to understand where you can be better and to be explicit about what is truly important to you. You may win or not win but you have to take that risk. If you don't separate yourself from everybody else, you have no chance.

ED You're reacting, not only to try to win the thing, but the competition is pushing you to unleash values.

CLH Certainly you are all associated with different philosophies, approaches, and personalities. How do you feel about the word "signature" being applied to your work?

EN Over a period of thirty years, you inevitably develop a vocabulary, which can be hard to pinpoint and define. Both of your languages seem very distinctive.

ED I'm not sure ours is. It's probably for others to judge that.

TM Can I be bold? Liz, I think you're a work in progress at the moment. Enrique, you're thoroughly established.

JvdH Thom, do you think you have a recognizable language?

TM I try to make each thing different, but I can't, because I'm still engaged in every piece of work. I keep my office small enough to where I have my hand on everything. I'm not interested in imposing a singular language, but, yes, it exists. My own assessment of myself is that I'm really good at getting people to do their best work. I haven't done anything singularly. I work with people, but I'm very insistent and I'm very present as I select things. But it's absolutely a collective practice, it's not my work.

JvdH Esa mentalidad, ¿es resultado de la confianza en un sistema de competitividad, o acaso el sistema se ha desarrollado como una evolución de esta manera de pensar? Como arquitectos, invierten una cantidad significativa de tiempo físico, intelectual y emocional para crear un esquema, pero el número de proyectos que efectivamente terminan obteniendo a través de concursos en general es muy bajo. ¿Cómo afecta esto la forma de pensar en el diseño?

ED Cuando participas en tantos concursos, la desilusión pasa a formar parte de tu manera de pensar. Como resultado, sientes que has logrado algo por el hecho de haber pensado un proyecto en detalle. Hay cierta transitoriedad en la forma en que operamos. En realidad, lo más importante es haber analizado una idea meticulosamente y sentir la satisfacción de haber concebido algo. Es maravilloso poder construir cosas concretas, pero no es nuestra única motivación. Nuestro motor es llevar adelante ideas.

TM Todos pasamos gran parte del tiempo compitiendo entre nosotros. Existimos en este pequeño mundo de arquitectos. A menudo, los concursos duran entre cinco y ocho semanas. Para la segunda y tercer semana, estamos articulando nuestra posición y, con frecuencia, en referencia a otros equipos que también están participando, quienes, casi siempre, son gente que conocemos. Desde el comienzo del proceso de diseño, evalúo si tenemos una voz que sobresale y si estamos afincándonos en una posición que destaca. Si no es así, cancelamos nuestra participación.

EN A mí me gustan los concursos por esa razón. Te exigen distinguirte del resto y entender cómo mejorar, y ser explícito sobre lo que realmente importa. Puede que ganes o no, pero es importante arriesgarse. Si uno no se destaca del resto, no tiene posibilidades.

ED Es una reacción, no solamente a intentar ganar, sino que además la competitividad del concurso te lleva a desencadenar ciertos valores.

CLH Sin duda, cada uno de ustedes se relaciona con diferentes filosofías, visiones y personalidades. ¿Qué sienten cuando describen a su trabajo como "característico" o de firma?

EN A lo largo de treinta años, inevitablemente uno desarrolla un vocabulario que quizás sea difícil precisar y definir. Ambos lenguajes se distinguen.

ED No estoy seguro de que el mío lo sea. Quizás les toque a otros juzgar eso.

TM ¿Puedo ser directo? Liz, creo que tú eres en este momento una obra en proceso. Enrique, tú estás íntegramente establecido.

CLH Liz, at the Swiss Pavilion at the Venice Biennale in 2014, you said that it's a great act of respect to act on the provocation of another architect's work. How has the work or thinking of certain past generations been important in your own work?

ED A lot of the provocations of the 1960s were very much a part of my education. Some of those ideas still feel very contemporary. They feel very much in the spirit of the times and maybe the opportunity to realize some of those ideas is now. It was just the right idea at the wrong time.

EN There are so many projects and ideas that did not go to where they could have gone. And I don't think we need to invent all the time. There is so much already existing that could just be brought up. When we started as architects, we had nothing. You had to take from everyone, you looked at everything. We all subscribed to every magazine that existed, and bought every book because there was that thirst for looking at so many things. At this stage in our work, we have accumulated a series of layers of old knowledge from which you can draw a lot.

ED You're also always working in relationship to the discipline, which has to do with all the history that precedes you. It has to do with your contemporaries and identifying yourself. We're self-aware. I'm generally very nervous about losing touch with contemporary culture. It makes me feel like I'm self-absorbed and that whatever I'm interested in and was propelling me may be extinct already. It's not about being trendy, it's really about just being in touch with a cross section of the culture and what's happening within and outside the discipline that matters. That kind of real-time connection is why teaching is important.

TM It's funny. I've reached a different place. I've come to grips with understanding that I belong with a certain generation and I'm going to have to make claims to the set of interests that belong to a certain time frame. My background set up my belief in what architecture could be—socially, politically, culturally. When I talk to a class today and say, "Architecture is a political act and it can shape behavior," students have no bloody clue what I'm talking about.

ED I see a restlessness in this generation of architects. They long to be rebellious, but they don't exactly have a cause. There's a real disconnect between them and their intention of being activists.

EN There are so many firms these days, which is very interesting as the boundaries of architecture are being completely destroyed. Architects are acting in many different ways.

JvdH Thom, ¿tú crees tener un lenguaje reconocible?

TM Intento hacer cada cosa de manera diferente, pero no lo logro porque sigo involucrándome en cada proyecto. Mantengo una oficina pequeña como para poder poner mi mano en todo. No me interesa imponer un lenguaje único, pero existe. Mi evaluación de mí mismo es que soy muy bueno para que la gente dé lo mejor de sí al trabajar. No he hecho nada solo. Trabajo con gente, aunque soy muy insistente y estoy muy presente al seleccionar cosas. Pero sin duda es un trabajo colectivo, no es obra mía.

CLH Liz, en el Pabellón de Suiza de la Bienal de Venecia del 2014, tú dijiste que es un gran acto de respeto actuar siguiendo la provocación de la obra de otro arquitecto. ¿Cuán importante ha sido el trabajo o el pensamiento de ciertas generaciones pasadas en tu trabajo?

ED Muchas de las provocaciones de los años 60 formaron parte integral de mi educación, algunas aún se sienten muy contemporáneas. Parecen estar en sintonía con el espíritu de la época, y quizás ahora sea el momento de concretar algunas de esas ideas. Fue cuestión de una idea correcta en la época equivocada.

EN Hay tantos proyectos e ideas que no han llegado a donde podrían haber llegado. Y no creo que necesitemos inventar en forma constante. Hay tanto que existe ya y que podría retomarse. Cuando empezamos como arquitectos, no teníamos nada. Tenías que tomar algo de todos, tenías que mirar todo. Todos nos subscribíamos a todas las publicaciones existentes y comprábamos todos los libros porque teníamos esa sed de mirar tantas cosas. En esa etapa, hemos acumulado varias capas de viejo conocimiento a partir del cual hay mucho que se puede obtener.

ED También trabajas constantemente en relación a la disciplina que tiene que ver con toda la historia que te precede, con tus contemporáneos y con el hecho de identificarte. Somos conscientes de nosotros mismos. A mí me pone muy nerviosa la posibilidad de perder conexión con la cultura contemporánea. Me hace sentir que vivo abstraída en mí misma, y que aquello que me interesa y me motiva quizás ya esté extinto. No se trata de estar al tanto de la moda, sino de estar conectado con una sección representativa de la cultura y con lo que está sucediendo e importa dentro y fuera de la disciplina. Ese tipo de conexión en tiempo real es la razón por la cual enseñar es tan importante.

TM Es curioso. Yo he llegado a un lugar diferente. He empezado a entender que pertenezco a cierta generación y que tendré que reivindicar aquellos intereses que forman parte de cierto marco temporal. Mi experiencia dictó mi convicción de lo que creo que la arquitectura puede llegar a ser social, política, culturalmente. Cuando en clase digo, “La arquitectura es un acto político y puede cambiar comportamientos”, los estudiantes no tienen la mínima idea de lo que quiero decir.

CLH In some way your generation also paved the way for an architect today to say that architecture is not about building. As long as you can come up with an idea and find enough backers, supporters, followers and get enough likes, it exists somehow, even though it's never been published or built.

EN I'm challenged when people question the conditions in which I practice architecture. That really opens new ways of looking at the world that I don't get anywhere but in schools. It is so valuable when a student is bringing knowledge and challenges to me that I wouldn't be able to have in any other condition but academia.

ED This is the really tough question: What is it that you're actually imparting to them? Is it critical thinking? Is it a body of knowledge? Is it provocation?

EN It's something that evolves. In the end we are just helping students to mature in a certain way. We're sharing a structure for organizing their ideas.

JvdH How is your teaching different now than it was thirty years ago?

EN You grow much more tolerant, less demanding, and more open and generous. When I first started, I'm sure I was an impossible young guy trying to demonstrate at every moment that I had certain conditions that made me special and unique.

CLH As you have become more successful and established in your firms over the decades, do you feel like you're in a better position to exert your power, in the sense of setting your agendas and being more strategic on a level that is beyond the architecture?

EN It happens to all of us; with age and many years of working you gain a certain credibility and people listen to you in a very different way. Obviously, that gives you a strong position of influence. I don't mean just in architecture, but people are listening to you and you have a credibility that takes many years to attain. It gives you a voice.

ED How do you accomplish what you want, especially when it is something like democratizing space? Do you just shout from the sidelines, or do you get involved with policy making? In my mind, I think some of my old heroes put down everybody around them to produce a moral authority. In the end, there's still something that could be done if you cannot educate people. You start making differences and people start to see the world differently. Also, a lot of people of our generation are in charge of institutions now. It's no longer that same paradigm. Sometimes you have to work institutionally to produce difference.

ED Veo mucha inquietud en esta generación de arquitectos. Anhelan rebelarse sin tener exactamente una causa. Hay una verdadera falta de conexión entre ellos y su intención de ser activistas.

EN Hoy en día hay tantos estudios de arquitectura, lo que es muy interesante ya que los límites de esta disciplina están siendo completamente destruidos. Los arquitectos están desempeñándose de muchas maneras distintas.

CLH De algún modo, su generación allanó el camino para que un arquitecto de hoy pueda decir que la arquitectura no se trata de construir. Siempre y cuando uno pueda proponer una idea y encontrar gente que te apoye, seguidores, patrocinadores y suficientes "me gusta", esa idea pasa de alguna manera a existir, aunque nunca se publique o se construya.

EN Cuando la gente cuestiona las condiciones en las que practico la arquitectura lo siento así, como un desafío. Eso realmente abre nuevas formas de mirar el mundo que no observo en ninguna otra parte más que en las escuelas. Es sumamente valioso cuando un estudiante aporta a mi conocimiento y me presenta desafíos que me sería imposible tener en cualquier otro ámbito fuera del académico.

ED Esto es realmente lo más complejo, preguntarnos qué es lo que en realidad les estamos impartiendo. ¿Un modo crítico de pensar? ¿Un mundo de conocimiento? ¿Una provocación?

EN Es algo que evoluciona. Al fin y al cabo, estamos simplemente ayudando a que los estudiantes maduren de cierto modo. Estamos compartiendo una estructura para organizar sus ideas.

JvdH ¿Cómo ha cambiado tu forma de enseñar de hoy comparada a la de treinta años atrás?

EN Uno se vuelve mucho más tolerante, menos exigente y más abierto y generoso. Cuando comencé, estoy seguro de que era un joven inaccesible, intentando demostrar en todo momento que tenía ciertas condiciones que me convertían en especial y único.

CLH Con el pasar de las décadas, a medida que se han vuelto más consolidados y han adquirido fama con sus despachos, ¿sienten que están en una mejor posición para ejercer poder en el sentido de estipular condiciones y ser más estratégicos a un nivel que va más allá de la arquitectura?

EN Nos sucede a todos. Con la edad y después de muchos años de trabajo, uno gana cierta credibilidad y la gente te presta atención de otra manera. Obviamente, eso te ubica en una fuerte posición de influencia. Y no me refiero solamente en la arquitectura, pero la gente te escucha y tú tienes una credibilidad que toma años conseguir. Te da una voz.

EN We're all taking part in many conversations that are outside the realm of architecture. With cultural clients like the Museum of Modern Art, you have immensely powerful people now listening. These are people who are making big decisions and who are very mindful that they are changing the world. I see more and more architects providing the critical voice in many arenas—in economics, in politics—and our voices are becoming important.

CLH You're all working very strongly in complicated politicized urban contexts. That must mean that you have to negotiate these ethical questions even more. With every project, do you ask yourself, should we be doing this or not? I'm assuming that it's part of what you're talking about when you discuss the role of architecture and it being more than just what you're doing, but about improving society.

TM Not in those terms, though. I can't say we've ever had a conversation about how our work is going to produce a better society. We're operating within much more contained territories. It couldn't possibly have those aspirations. There is no society that has even a vague notion of what architecture is about.

ED I think we all do think about how our work contributes. Even though you may not have this altruistic way of expressing it, you're going to take on certain projects that interest you because they're relevant. Whether you want to admit it or not, there is something that's compelling us all to do the work for the public. When the audience is broad and when it makes a difference what I do, I'm much more interested in doing it. Space is becoming more and more privatized and who is going to speak for the public?

EN The majority of the building work in the world is not public. The majority is private. That's what's shaping the world, that's what's shaping our cities. Therefore, there's also a responsibility. Priorities are changing, the way people are living is changing, and the way people are relating to each other is changing. Very often the federal government doesn't really support architecture. In America right now, the state government and the city government does not always support the creation of public space. That leads to a very different condition of responsibility for the profession.

ED ¿Cómo lograr lo que deseas, especialmente cuando es algo como la democratización del espacio? ¿Se dirige desde el margen o se involucra con el proceso de diseño de políticas? Muchos de mis viejos héroes menospreciaron a todos a su alrededor para crear una autoridad moral. Al final, siempre hay algo que se puede hacer si no puedes educar a la gente. Comienzas a crear cambios y la gente empieza a ver el mundo de otra manera. Asimismo, hay mucha gente de nuestra generación que hoy está al frente de diferentes instituciones. Ya no es el mismo paradigma. A veces tienes que trabajar institucionalmente para producir cambios.

EN Todos participamos de muchas conversaciones fuera del ámbito de la arquitectura. Ahora tienes a gente de mucho poder prestándote atención. Es gente que está tomando grandes decisiones y que es consciente de que están cambiando el mundo. Veo que son cada vez más los arquitectos que aportan su voz crítica en diferentes ámbitos, en la economía, en la política. Nuestras voces están ganando importancia.

CLH Todos ustedes están trabajando arduamente en contextos urbanos complicados y politizados. Eso debe significar que tienen que negociar aún más este tipo de cuestiones éticas. ¿Acaso con cada proyecto se cuestionan si deberían estar haciéndolo o no? Asumo que esto es en parte a lo que hacen referencia cuando hablan del rol de la arquitectura y del hecho de que no es tan solo lo que están haciendo, sino que además se trata de mejorar la sociedad.

TM No realmente en esos términos. No puedo decir que alguna vez hemos hablado sobre la forma en la cual nuestro trabajo va a crear una sociedad mejor. Operamos desde territorios mucho más contenidos. No podría nunca tener esas aspiraciones. No hay sociedad que entienda, aunque sea remotamente, lo que significa la arquitectura.

ED Yo sí creo que pensamos de qué manera nuestro trabajo aporta a la sociedad. Aunque no tengas esta forma altruista de expresarlo, aceptas ciertos proyectos que te interesan porque son relevantes. Más allá de que lo quieras admitir o no, hay algo que nos llama a todos a trabajar para el público. Cuando la audiencia es amplia y cuando sé que lo que hago marca una diferencia, me intereso mucho más en hacerlo. El espacio se está privatizando cada vez más, ¿quién hablará por lo público?

EN La mayor parte de la obra construida del mundo no es pública. Es lo que está dando forma al mundo, a nuestras ciudades. Por lo tanto, existe también una responsabilidad. Las prioridades, la forma en que la gente está viviendo y cómo se relaciona entre sí están cambiando. A menudo, la arquitectura no suele recibir apoyo del gobierno federal. Actualmente, en Estados Unidos, la creación de espacios públicos no recibe apoyo estatal ni municipal. Eso lleva a una condición de responsabilidad muy diferente para la profesión.

Edificio de usos mixtos en Coyoacán

Ciudad de México, CDMX, 2014–2018

The Coyoacán Mixed-Use Building is a 474,000-square-foot development composed of two towers: a thirty-two-story residential tower with a concrete diagonal grid facade that directly articulates its structural system, a response to the site's seismic forces; and a nineteen-story office tower with retail on the ground floor, which will have a digital art installation projected on its glass facade. Taking advantage of its location on Avenida Popocatépetl, a main thoroughfare,

El Edificio de usos mixtos en Coyoacán es un complejo de más de 44,000 metros cuadrados compuesto de dos torres. Por un lado, una torre residencial de treinta y dos pisos con una fachada en base a una retícula diagonal de concreto armado que se articula directamente al sistema estructural, ofreciendo una respuesta a las fuerzas sísmicas del lugar. Por el otro, una torre de oficinas de diecinueve niveles, con espacios comerciales en la

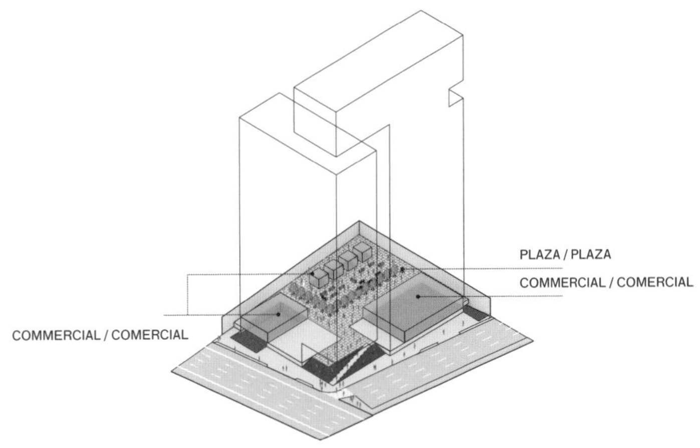
PLAZA / PLAZA
COMMERCIAL / COMERCIAL
COMMERCIAL / COMERCIAL

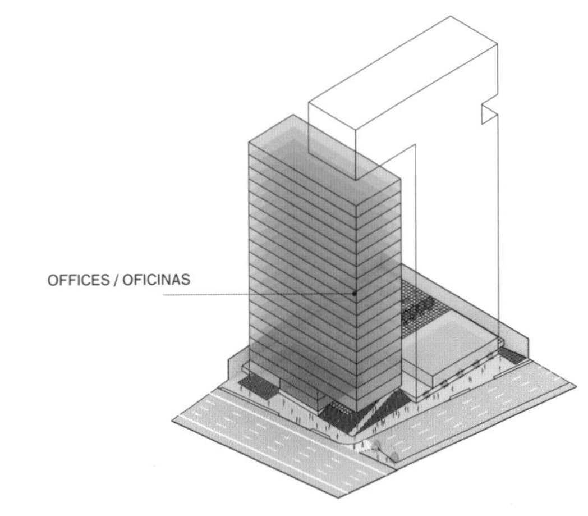
OFFICES / OFICINAS

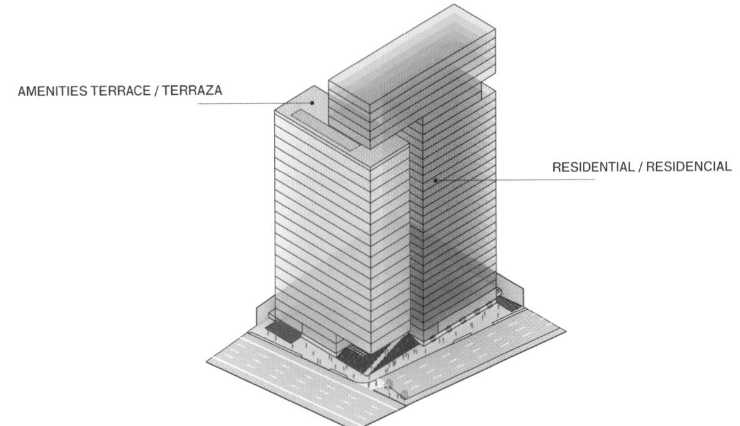
AMENITIES TERRACE / TERRAZA
RESIDENTIAL / RESIDENCIAL

the design of the towers celebrates the city corner with a stacked intersection and a strong cantilever to carve out a quiet plaza at its center, raised slightly above the street level and accessible from a gently sloping stair. Communal amenities on the roof of the office tower act as an extension and elevation of the public space below.

planta baja, que cuenta además con una instalación de arte digital proyectada sobre su fachada de vidrio. Aprovechando su ubicación sobre la Avenida Popocatépetl, una de las avenidas principales de la ciudad, el diseño de las torres celebra la noción de la esquina citadina mediante una intersección apilada y un fuerte soporte que hace lugar para una discreta plaza en su centro, elevada apenas sobre el nivel de la calle y accesible desde una escalera acompañada de una rampa. Las áreas comunes en el techo de la torre de oficinas actúan como una extensión y elevación del espacio público que está por debajo.

Centro de Gobierno

Acapulco, GRO. 2008–2017

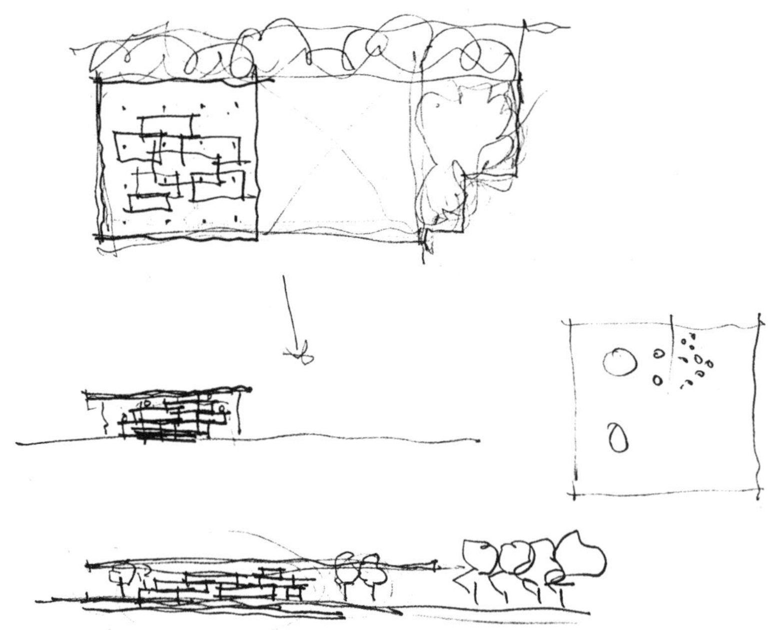

The new Acapulco Government Center unites thirty-seven municipal agencies for the first time in one building, integrating the various departments through open and shared public spaces while preserving each agency's sense of independence. Embracing Acapulco's most prevalent architecture, modernist buildings constructed in the 1950s, the Government Center is made up of four volumes suspended from a large, cantilevered roof, a design that

El nuevo Centro de Atención Ciudadana del Gobierno de Acapulco por primera vez aúna treinta y siete agencias municipales en un solo edificio, integrando varios departamentos a través de espacios públicos abiertos y compartidos, y manteniendo a su vez el sentido de independencia de cada una de las agencias. Incorporando los elementos de la arquitectura más prevalentes de Acapulco –edificios modernistas de los años 50–,

Mozimba

Una alimenta
comienza co

increases transparency, facilitates circulation at the ground level, and creates a public garden. As the volumes are stacked and offset, each administrative section has its own terrace, which can be used for hosting public and private events. The blurred boundaries between interior and exterior spaces, in addition to the porous flow of circulation through the various departments, push the limits of the typology of the municipal building.

el Centro de Gobierno está conformado por cuatro volúmenes suspendidos de un gran techo en cantiliver, un diseño que aumenta la transparencia, facilita la circulación a nivel del piso y crea un jardín público. Gracias al modo en que se apilan y se ubican los volúmenes, cada sección administrativa goza de su propia terraza que puede usarse tanto para eventos públicos como privados. La falta de definición de los confines entre los espacios interiores y exteriores, sumada al flujo poroso de la circulación que atraviesa varias secciones, corren los límites de la tipología de este edificio municipal.

Rutgers University Livingston Campus and Business School

Piscataway, NJ, 2007–2013

In 2007, TEN Arquitectos won the competition to develop a new master plan for Rutgers University's College Avenue campus and to add a bus route to increase movement between the school's five adjacent campuses. This plan arose from the university's mission to expand its undergraduate campus at College Avenue, and to establish a new graduate and professional development campus at Livingston. In 2009, TEN began defining guidelines for the University's

En el 2007, TEN Arquitectos ganó el concurso para desarrollar un nuevo plan maestro para el Campus College Avenue de la Universidad de Rutgers y para agregar un camino de autobús que incremente el movimiento entre los cinco campus lindantes de la institución. Este plan surgió del objetivo de la universidad de ampliar su campus de estudiantes de College Avenue, y abrir un nuevo campus de posgrado y desarrollo profesional en Livingston. En 2009,

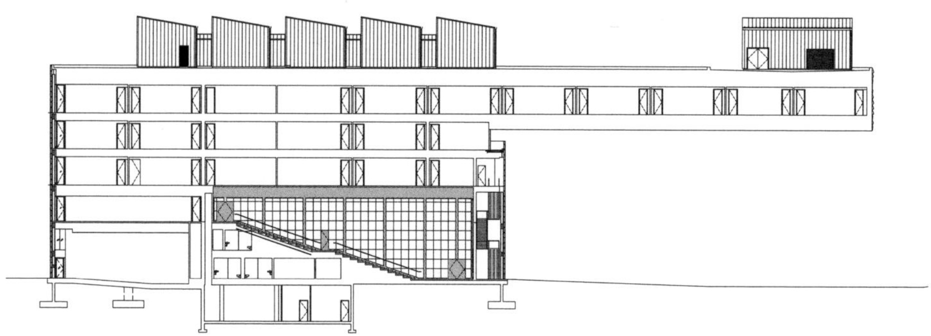

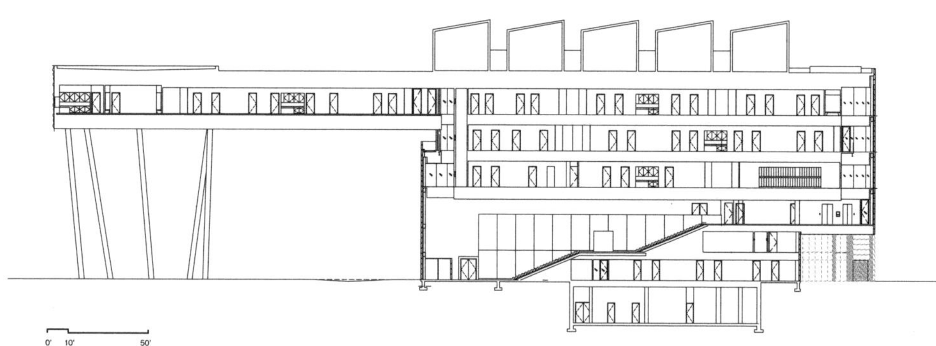
0' 10' 50'

TEN comenzó a definir las pautas del campus en Livingston y diseñó la Escuela de Negocios Rutgers de unos 14,000 metros cuadrados que se inauguró en 2014 como la primera fase de la remodelación del campus. Con una elevación de casi veinte metros sobre Rockafeller Road, y siguiendo un plan en forma de L, el edificio actúa como una entrada al campus, delineando el borde entre la universidad de rápido crecimiento y la reserva natural contigua. La

Livingston campus and designed the 150,000-square-foot Rutgers Business School, which opened in 2014 as the first phase of the redevelopment of the campus. Rising sixty feet above Rockafeller Road and following an L-shaped plan, the building acts as a gateway into the campus and delineates the border between the rapidly developing university and the neighboring nature preserve. The Rutgers Business School is a study in nonprogrammed space, with ample flexible open space that encourages unplanned and informal social interactions.

Escuela de Negocios de Rutgers es un estudio en un espacio no programado con un amplio espacio adaptable que fomenta la interacción social informal y espontánea.

EXIT
EXIT

RUTGERS

Museo Elevado de Villahermosa (MUSEVI)

Villahermosa, TAB, 2009–2011

In 2009, TEN Arquitectos was commissioned to transform and revitalize one of Villahermosa's main thoroughfares, Paseo Tabasco. The resulting master plan not only redesigns the avenue but also recasts it as a primary economic and tourist axis within the city, and restores existing public spaces along Paseo Tabasco to improve connections to the surrounding city. The Museo Elevado de Villahermosa (MUSEVI), the first phase of the three-phase

En 2009, TEN Arquitectos fue encargado de transformar y revitalizar una de las avenidas principales de Villahermosa, el Paseo Tabasco. El plan maestro que resulta de este encargo no solo rediseña la avenida, sino que la replantea como un eje vital, tanto económico como turístico, dentro de la ciudad, restaurando los espacios públicos ya existentes a lo largo del Paseo Tabasco con el fin de mejorar las conexiones con la periferia. El

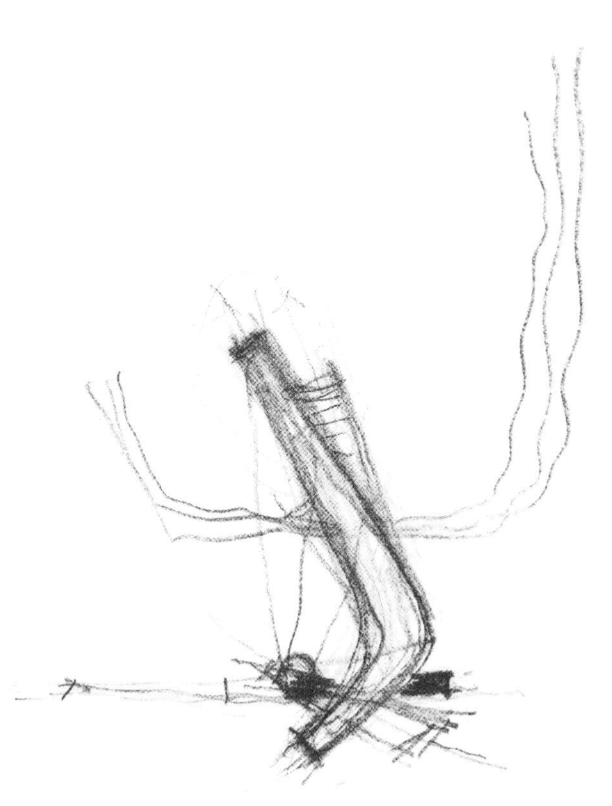

MUSEVI

MUSEVI

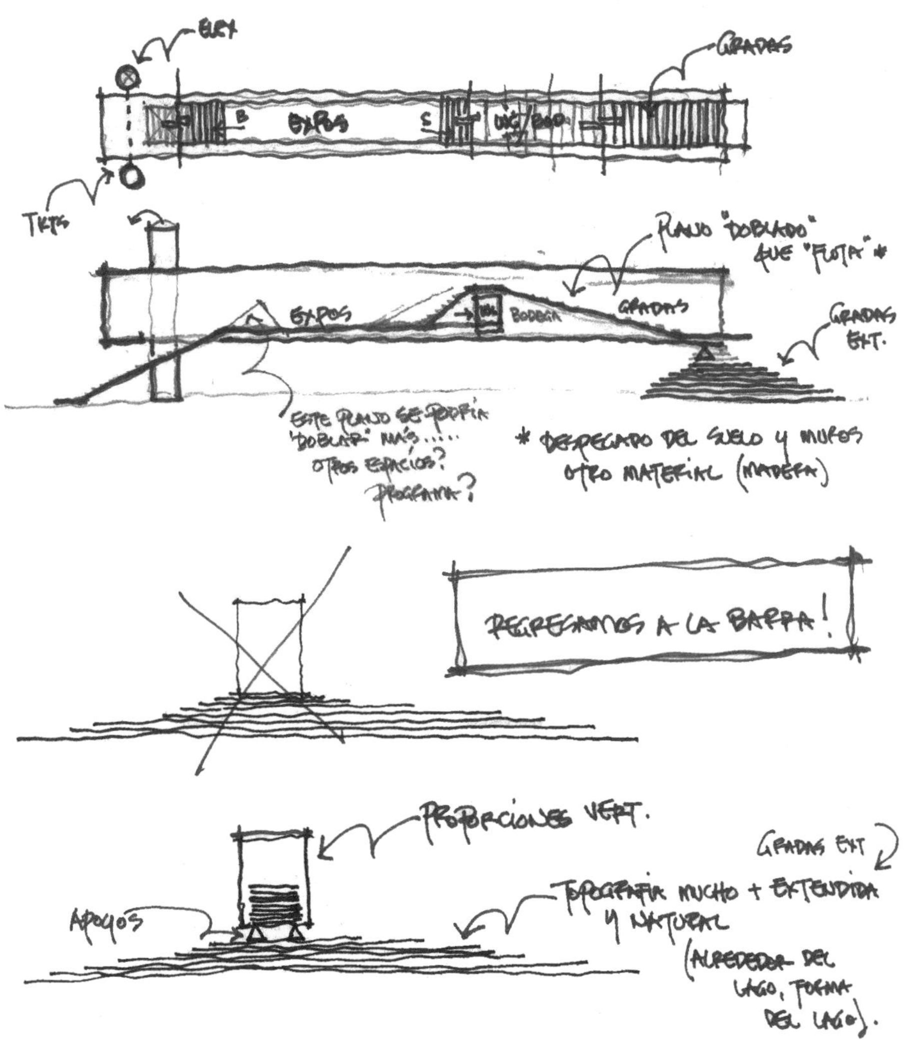

ESCENARIO EN EL AGUA: CÍRCULO!

MUSEVI

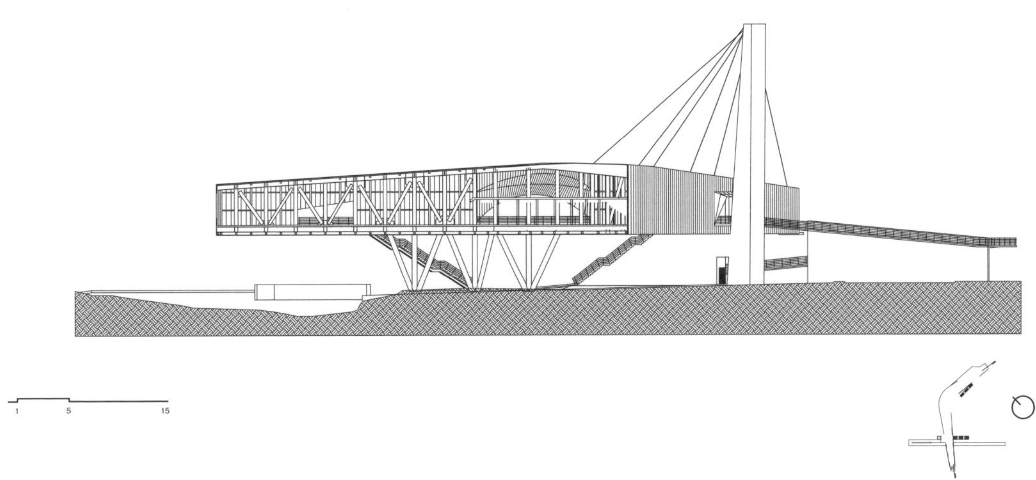

scheme, is composed of an elevated gallery and an outdoor amphitheater. Supporting its aims to encourage social connectivity and provide a place for community gatherings, MUSEVI's design creates a more inviting public space in the center of the city: the elevated gallery spans the street, connecting lagoons on either side, and the outdoor amphitheater not only anchors the adjacent Tomás Garrido Park but also encourages an intimate and reflective connection with the landscape.

Museo Elevado de Villahermosa (MUSEVI), la primera de un total de tres fases, está compuesto por una galería elevada y un anfiteatro al aire libre. Siguiendo los objetivos de promover la conectividad social y ofrecerle a la comunidad un lugar de encuentro, el diseño de MUSEVI logra crear un espacio público más acogedor en el centro de la ciudad. La galería elevada cruza la calle, conectando lagunas a cada lado, y el anfiteatro exterior no solo funciona como un ancla del Parque Tomás Garrido, sino que además promueve un vínculo íntimo y reflexivo con el paisaje.

Laboratorio Nacional de Genómica para la Biodiversidad (LANGEBIO)

Irapuato, GTO, 2005–2010

The National Laboratory of Genomics for Biodiversity (LANGEBIO) is nestled into a built-up, man-made topography, new terrain that manifests the nature of the work inside the institution. The location and geology of the site—an empty field with a seismic fault line deep below—gave rise to the visual metaphor that defines the architecture: an inscribed line bisects the building's program, positioning the laboratories on one side and the administrative spaces and auditorium

El Laboratorio Nacional de Genómica para la Biodiversidad (LANGEBIO) se emplaza en una topografía artificial construida en un terreno que manifiesta la naturaleza del trabajo que tiene lugar en la institución. La ubicación y la geología del lugar (un campo vacío con una línea de falla sísmica en su profundidad) inspiraron la metáfora visual que define esta arquitectura: una línea inscrita disecciona el programa arquitectónico del edificio,

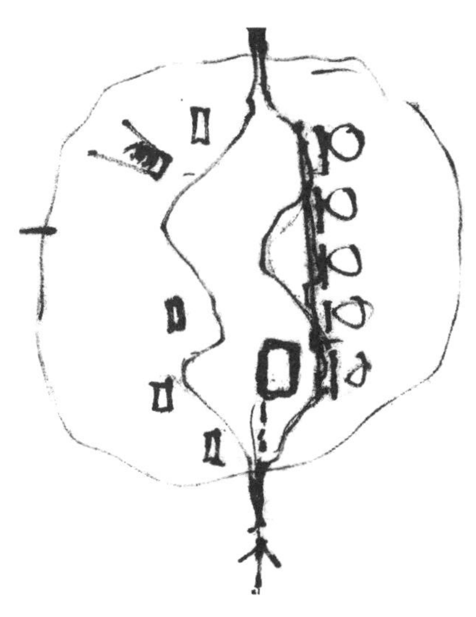

on the other. An intimate public space runs between. The entire project is gently integrated into the site. The laboratories are visible above ground as a sequence of terraces that act as transitional spaces between the interior and exterior, lab and field. Patios created by cutting voids into the landscape also bring light into the building. The underground laboratories provide private and isolated spaces for research, and easily controlled environments for testing.

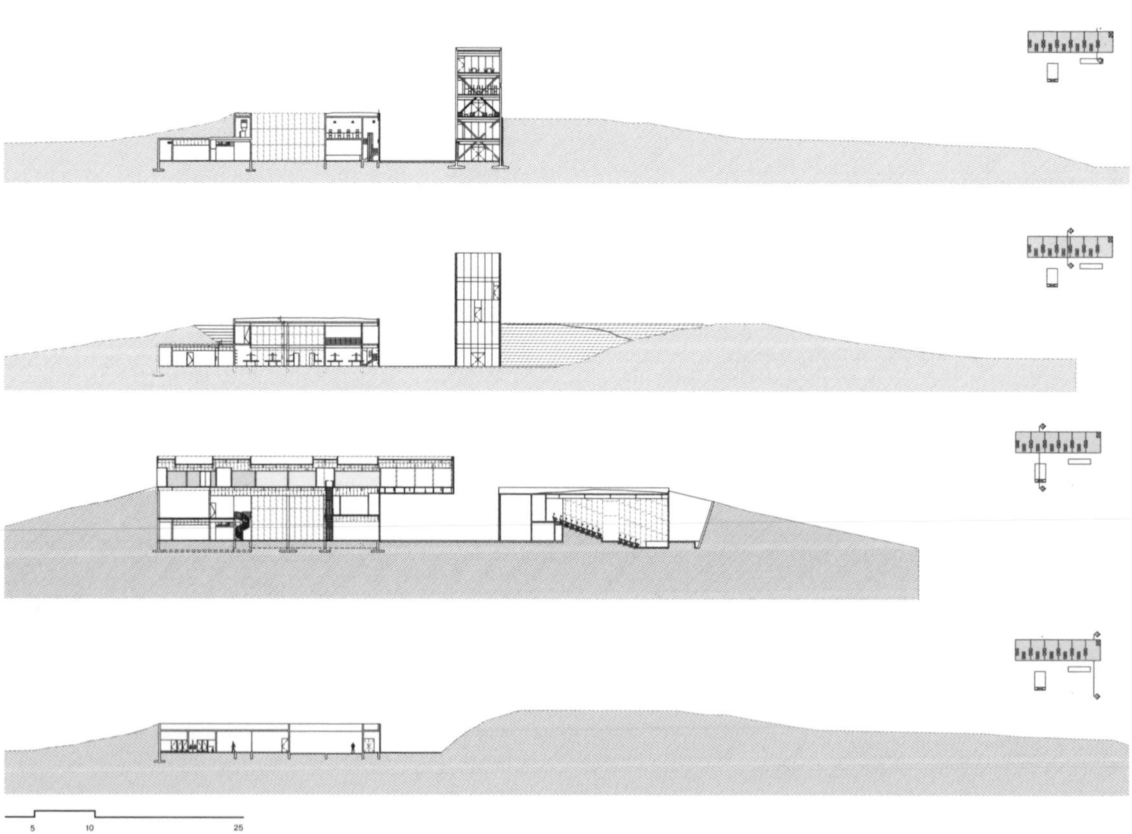

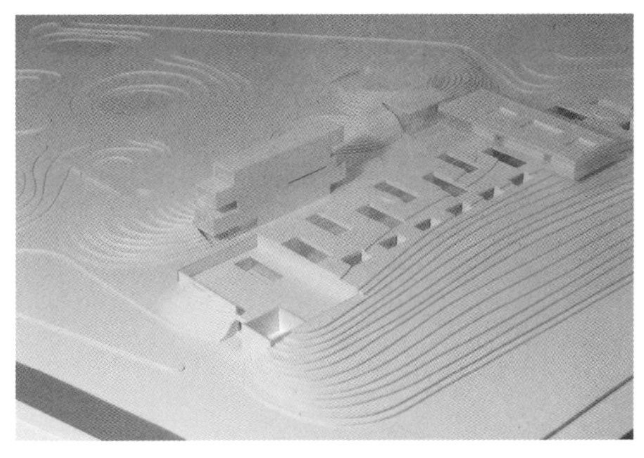

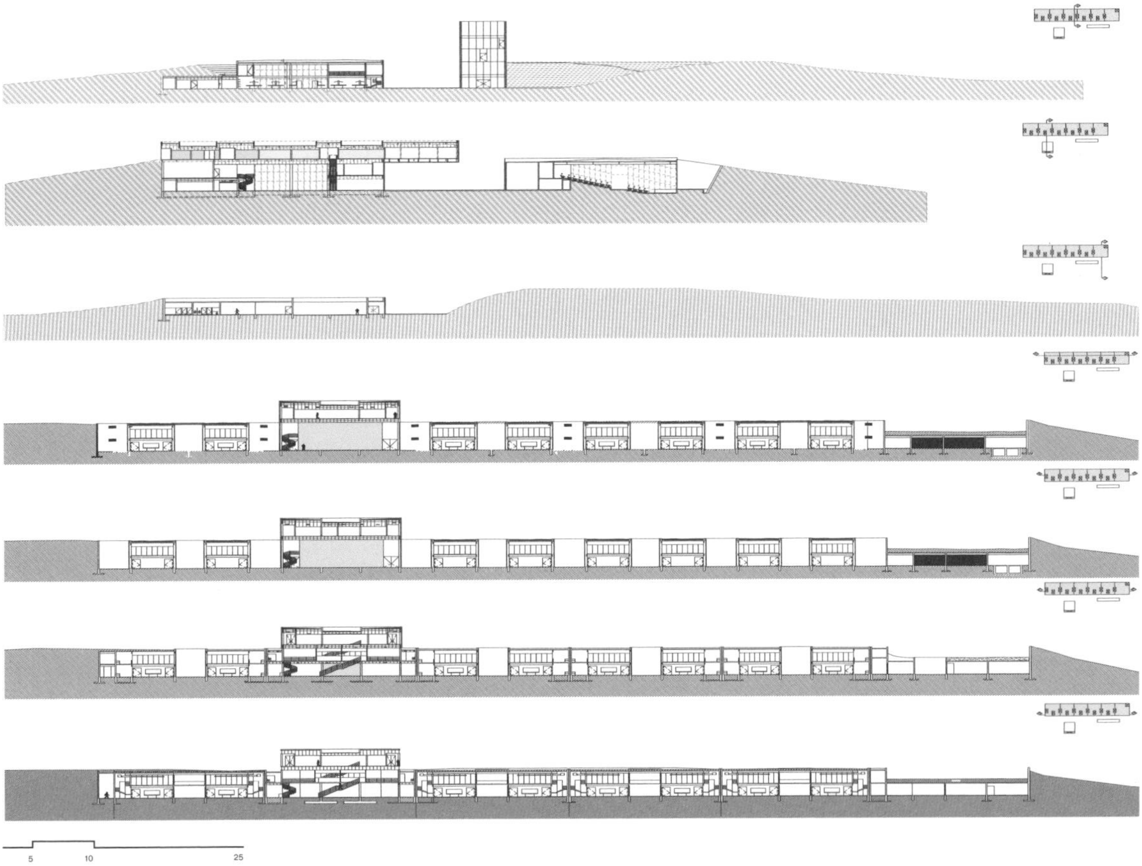

5 10 25

colocando los laboratorios de un lado y los espacios administrativos y el auditorio del otro. Un espacio público íntimo atraviesa estas dos partes. La totalidad del proyecto se integra armoniosamente al lugar. Los laboratorios se vuelven evidentes sobre la superficie como una secuencia de terrazas que actúan como espacios de transición entre el interior y el exterior: el laboratorio y el campo. Los patios creados mediante la inserción de espacios vacíos en el paisaje también ayudan a sumarle luz al edificio. Los laboratorios subterráneos brindan espacios privados y aislados ideales para la investigación, ofreciendo ambientes de fácil control para la realización de pruebas.

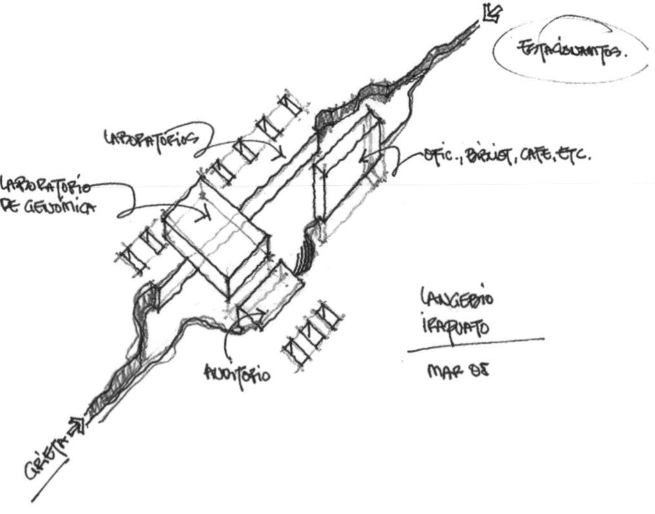

East River Plaza

New York, NY, 2014–2018

DEL BARRIO
NEW YORK
NUK

The East River Plaza, a mixed-use development, adds 1.1 million square feet of residential, cultural, and public program to a 500,000-square-foot retail center already located at the easternmost point of Manhattan. The existing commercial center, which was built in 2009, was an important economic driver within East Harlem, but it was oriented toward the waterfront, turning its back on the surrounding neighborhood. Rather than merely adding residential space

El proyecto de usos mixtos East River Plaza suma más de 100,000 metros cuadrados de programa arquitectónico residencial, cultural y público a un centro de compras de más de 45,000 metros cuadrados que ya se ubica en el extremo este de Manhattan. El centro comercial ya existente, construido en 2009, fue un importante impulsor económico dentro de Harlem del Este, pero estaba orientado hacia el mar, dándole la

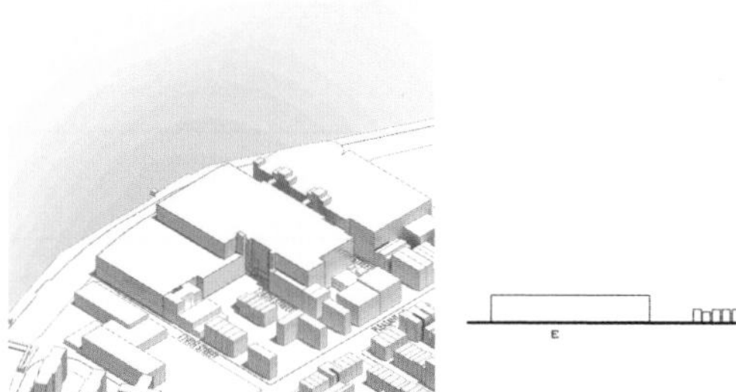

EXISTING CONDITIONS / CONDICIONES EXISTENTES

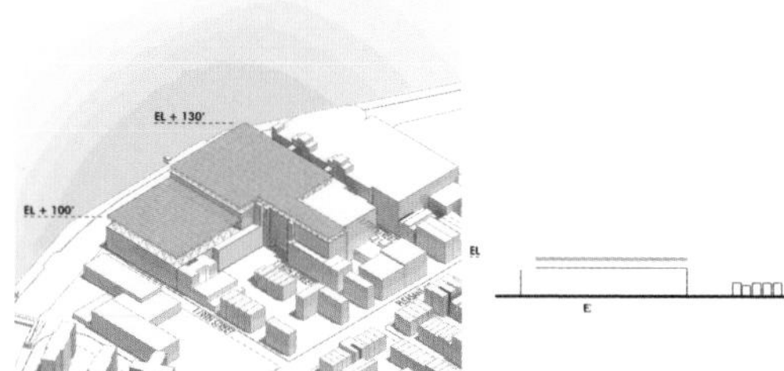

NEW GROUND PLANE / NUEVA PLANTA BAJA

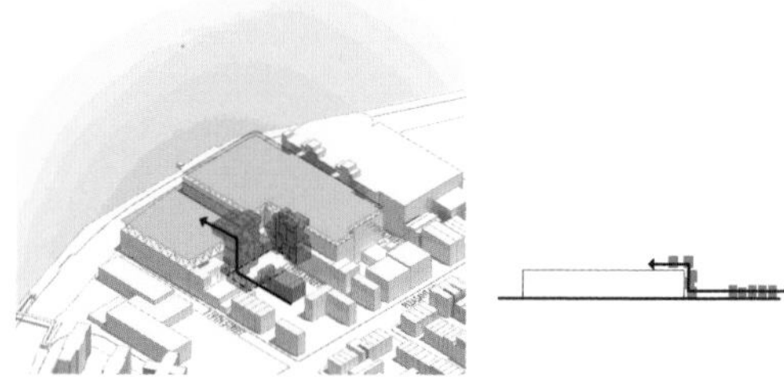

CONNECT CITY SCALE TO PODIUM /
CONCTAR ESCALA DE LA CIUDAD AL BASAMENTO

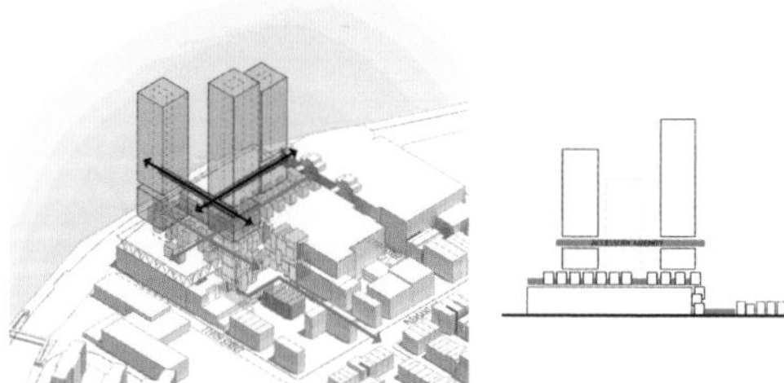

CIRCULATION / CIRCULACIÓN

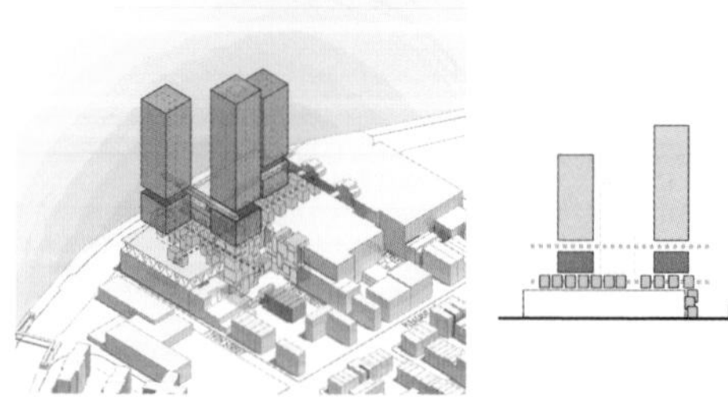

STRATA

Books
& Company
Caffè Luxe

above the commercial structure, TEN Arquitectos' addition, the new East River Plaza, creates an active and welcoming "front door" and revitalizes the neighborhood by providing a new civic landscape at ground level, where cultural amenities such as artist lofts, exhibition space, and microretail invigorate what was previously a blank wall.

espalda al barrio circundante. En lugar de simplemente agregar un espacio residencial a la estructura comercial, el aporte de TEN Arquitectos, el nuevo East River Plaza, crea una puerta de entrada activa y acogedora, que revitaliza el barrio brindando un nuevo paisaje cívico a nivel del suelo, con ciertas comodidades como estudios para artistas, espacios para exposiciones y micro comercios que revigorizan lo que antes era un muro en blanco.

Dialogue / **Diálogo**

Enrique Norten, Enrique Krauze

Moderated by / **Moderado por**

Xavier Guzmán Urbiola

Xavier Guzmán Urbiola How do you characterize the work of a multicultural architecture firm with such numerous projects as TEN Arquitectos? Using the ideas of Lebbeus Woods and Robert McCarter as a starting point, I think your architecture is about transition and it reflects a series of paradoxes. But I would also add that it is tolerant, personal, and happy. I see several instances of this in TEN's work: good taste; the Cartesian geometry on which it is based, adapted to the chaotic, non-Cartesian realities of the contemporary world; a homogeneity that also gladly accepts diversity; the simple and clear magical—or irrational—architecture that never loses its function and its economically grounded construction; and, finally, a contemporary feel that at the same time respects tradition and history.

Enrique Krauze Agreed. However, I should begin by stating my immense limitations: I admire and enjoy architecture, particularly Mexican architecture, but I haven't written very much about architects. I was friends with Ricardo Legorreta, Abraham Zabludovsky, and Teodoro González de León. I've written brief profiles of them, but I've never considered myself an expert, even less in this art that defines our spaces for living and working. As for you, Enrique, the description about your work given by Xavier seems pretty clear to me. I've learned a lot about it just by listening.

Enrique Norten How would you historically situate and define my work?

EK I studied Mexican cultural cycles in art, following a theory that José Ortega y Gasset developed on the humanities. My teacher Luis González applied it in his book La Ronda de las Generaciones. This theory considers an artistic cycle over four generations, each separated by fifteen years: the generation that starts an artistic cycle, the one that brings it together, the one that analyzes and begins to critique it, and the one that destroys it. With that Ortegan idea, I suggest the following totally schematic framework for architecture: in Mexico, the generation of the Athenaeum, an association promoting academic freedom and the development of Mexican cultural identity (born between 1875 and 1890), was the last phase of a cycle, the liberal cycle of the nineteenth century. That is why it was revolutionary. That generation's cultural leader, José Vasconcelos, had an almost mystical vision of Mexican architecture.

I believe the next cycle, the post-revolutionary cultural cycle, began as the 1915 generation. These were the artists and architects born between 1890 and 1905. They were the great Mexican architects who formed the new institutional order, the new phase.

Taking everything into account, the generation that was most central to architecture in Mexico is the next one. Architects of this generation were born during the years of the Mexican Revolution, between 1905 and 1920. They were the so-called consolidators from the revolutionary command. Some architects who stand out are Enrique del Moral, Enrique de la Mora, Luis Barragán, Juan O'Gorman, Juan Sordo Madaleno, Pedro Ramírez Vázquez, and Mario Pani. Since the first generation had already built Mexico's institutions, this second generation consolidated them.

Xavier Guzmán Urbiola ¿Cómo caracterizar el trabajo de un taller multicultural y con tanta obra como el de TEN Arquitectos? A partir de algunas ideas de Lebbeus Woods y Robert McCarter, creo que tu arquitectura es de "transición" y eso refleja una serie de "paradojas", pero yo agrego ahora que es tolerante, apropiable y feliz. Veo varias evidencias de ello: el gusto y la búsqueda de la adaptación por parte de los clientes de lo proyectado; la geometría cartesiana de la que parte, adaptada a las realidades a veces caóticas, no cartesianas, que representan el mundo contemporáneo; lo homogéneo que acepta gustoso lo diverso; la construcción simple y clara que incluye lo conceptual y/o tecnológicamente sofisticado; el carácter juguetón, humorístico, con magia (o irracional) de tu arquitectura que, sin embargo, nunca pierde su función útil y manufactura racional, aterrizada en lo económico, y, finalmente, la intención contemporánea que, no obstante, respeta la tradición y la historia.

Enrique Krauze De acuerdo. Debería declarar mis inmensas limitaciones: admiro y disfruto la arquitectura, en particular la mexicana, pero he escrito poco sobre arquitectos. Fui amigo de Ricardo Legorreta, Abraham Zabludovsky y Teodoro González de León. He escrito sobre ellos breves perfiles. Pero nunca me he considerado experto, ni mucho menos, en la crítica de arte, menos aún de este arte que enmarca nuestros espacios de vida y trabajo.

En cuanto a ti, Enrique, la caracterización que Xavier ha hecho de tu obra me parece clara. He aprendido mucho al escucharla.

Enrique Norten ¿Como ubicarías y definirías históricamente mi trabajo, que caracterizó ahora Xavier?

EK Yo estudié las generaciones culturales mexicanas en el arte, el pensamiento y las humanidades sirviéndome de una teoría que desarrolló José Ortega y Gasset. Mi maestro Luis González y González la aplicó en su libro *La ronda de las generaciones*. Esta teoría incluye el ciclo de cuatro generaciones, separadas por 15 años: la que la comienza, la que las une, la que las analiza y comienza a criticar y la que la destruye. Con esa idea orteguiana, les propongo el siguiente cuadro totalmente esquemático para la arquitectura.

Ateneo (1875-1890) fue la última del ciclo anterior, el ciclo liberal del siglo XIX. Por eso fue revolucionario. De hecho, el caudillo cultural de esa generación, José Vasconcelos, tuvo una visión casi mística de la arquitectura mexicana. Cabalgó entre la tradición y la modernidad inclinándose por esta última. Pero a ese elenco el vendaval revolucionario lo arrasó. Creo que el ciclo cultural posrevolucionario comenzó con la llamada "Generación de 1915". Éstos son los nacidos entre 1890 y 1905. Grandes arquitectos mexicanos fundaron el orden nuevo institucional, la nueva etapa. Tomando todo en cuenta, la principal generación arquitectónica será la próxima, alimentada y brillante. Nació durante los años de la Revolución, entre 1905 y 1920. Ellos fueron los llamados "consolidado-

EN Then, according to this temporal logic, the generation born between 1920 and 1935 would follow.

EK Exactly. Characters like Ricardo Legorreta, Teodoro González de León, Abraham Zabludovsky, and Agustín Hernández Navarro, who reacted critically against the established paradigm.

After that comes the 1968 generation, generally born between 1935 and 1950. In a way, they are driven by the same thing as Vasconcelos: their calling is to destroy. It is a paradoxical calling because architecture is an eminently constructive art. Perhaps that is why this generation built less. Some notable figures in this generation include Francisco Serrano Cacho, Fernando González Gortázar, Juan José Díaz Infante Núñez, Valeria Prieto, and Carlos González Lobo.

EN This generational shift in focus starts happening at the same time that the country is experiencing a transformation as a whole, with notable changes in the urban landscape. During this revolutionary period people were getting off their horse to get into a car. It was then when Mexico began to open itself to modernity.

EK Yes, the two main generations—the consolidators and the critics—even though they opposed each other, built Mexico's urban landscape. Then comes a considerable gap: the one of my generation, whose calling is more historical and political than artistic. And then a new cycle of four generations begins. The first one is yours, Enrique, born between 1950 and 1965.

XGU How can Enrique Norten's architectural work be considered in the context of this generation?

EK It is an interesting but complex question. At the beginning of his professional life he found himself having to deal with a weighty legacy; there are many important architects from prior generations who are still active and influential. I imagine it was not easy.

EN You mentioned a gap, which at least in the architecture field was partly because everything was so politicized. But it didn't mean that there was not a talented group of architects in Mexico.

EK Talented, yes. But of course, scarce. The topic of the void is a good one. I would argue that in my generation, which was impacted by the events of 1968, there were no significant representatives in many creative fields, including in architecture, poetry, and art. It was a generation of historians, journalists, writers, and politicians. But you, Enrique, in 1968, were fourteen years old. You grew up in Mexico during the economic boom of the 1970s, the period of President Luis Echeverría. My first conclusion, then, is that when starting your own professional work, you were faced with a huge legacy, which you honor but at the same time have had to transcend. My

res" del mando revolucionario. Algunos arquitectos que sobresalen son Enrique del Moral, Enrique de la Mora, Luis Barragán, Juan O' Gorman, Juan Sordo Madaleno, Pedro Ramírez Vázquez y Mario Pani, por ejemplo.

EN Entonces, de acuerdo a esa lógica temporal, seguiría la generación que nace entre 1920 y 1935.

EK Exacto, Ahí aparecen personajes como Ricardo Legorreta, Teodoro González de León, Abraham Zabludovsky, Carlos Mijares Bracho, Agustín Hernández, Luego viene la generación del 68, la mayoría nacidos entre 1935 y 1950. Le pasa, en cierta forma, lo mismo que a la de Vasconcelos: su vocación es destruir. Es una vocación paradójica porque la arquitectura es un arte eminentemente constructivo. Acaso por ello, esta generación construyo menos exponentes. Incluye a algunos personajes sobresalientes de esta generación como Francisco Serrano Cacho, Fernando González Cortázar, Juan José Díaz Infante, Valeria Prieto y Carlos González Lobo.

EN Este cambio se va dando paralelamente a la transformación que va experimentando el país como un todo con cambios muy notables en el paisaje urbano. Durante esta época la Revolución se estaba bajando de sus caballos para subirse al automóvil. Es el momento en que México comenzaba a tender el terreno para recibir a la modernidad.

EK Sí, las dos generaciones centrales (los consolidadores y los críticos) aunque contradiciéndose, construyen el paisaje urbano moderno de México. Luego viene un vacío relativo: el de mi generación, cuya vocación es más histórica y política que artística. Y luego comienza un nuevo ciclo de cuatro generaciones. La primera de ellas es la tuya, Enrique, nacida entre 1950 y 1965.

XGU ¿Cómo puede el trabajo arquitectónico de Enrique Norten estar en el contexto de esta generación?

EK Es una pregunta interesante pero compleja. Pues al inicio de su vida profesional se encuentra con un legado grande, fuerte y pesado, donde hay muchos arquitectos importantes de las generaciones anteriores, aún activos y poderosos, Me imagino que no fue fácil.

EN Tú mencionaste una laguna, por lo menos en el campo de la arquitectura, en parte porque todo se encontraba politizado. Pero no quería decir que no había algunos arquitectos talentosos ahí.

EK Talentosos, por supuesto, pero escasos. Argumentaría que en mi generación, que fue tocada por el 68, no hubo representantes significativos en muchos ámbitos, ni de la arquitectura, ni en la poesía, ni en la pintura. Es una generación de historiadores, periodistas, ensayistas y políticos. Pero tú, Enrique, en 1968, tenías 14; creciste en el auge de los

second conclusion is that you know you must therefore build something new, and what do you have to do to achieve that? You decide to stand out. You go to other countries, you get out there. This way, you start to develop yourself significantly.

EN Yes, by the end of the 1970s I graduated as an architect from the Universidad Iberoamericana and immediately left for the United States to do a master's degree at Cornell University, which I finished in 1980. It wasn't until I founded my own architecture firm that I had the opportunity to design and build my first projects: Centro de Iluminación (1986), Alliance Française (1987), and the entrance to a public park in Tarango (1989).

EK You belong to the generation when Mexico became globally aware. Deeply loving the country, you understood that if you didn't leave, if you didn't connect with the outside world, then your art and work would be deprived of that larger understanding. There is also a materialistic factor. These generations of important and powerful architects came from established, wealthy families. They were given important public projects backed by the state, especially under Presidents Luis Echeverría, José López Portillo, Miguel de la Madrid, and Carlos Salinas (1970–1994). Then what is left for an ambitious, creative, and restless young architect? The fresh air was outside: you left to come back stronger and more mature.

EN I am curiously one of the first Mexicans of that recent generation who decided to go abroad. What, paradoxically for me, has always been very meaningful is that the first real acknowledgments of my work came from abroad, rather than from Mexico.

XGU I'd like to return to what was previously said, about how to deal with, as Enrique Krauze described it, the weight of tradition in a closed-minded environment. I will set an idea on the table. I dare to say that you didn't fight this on your own. There is a modern aspect to your architecture—something very radical, fine, and terse—that I see coming from much earlier. It finds its origins in the architecture of figures like Juan Legarreta, Juan O'Gorman, Luis Barragán, and Max Cetto. There is an elegant and intelligent radicalism in your architecture that I think you found in the work of previous generations: the constructive simplicity, certain tolerant characteristics, and the use of industrial materials. Those are values that have been perceived throughout your work, from your IFAL Lindavista in 1987 to your casitas for public parks in New York in 2015. There is contemporary intention but it respects tradition and history.

EN The architects you mentioned are people whom I admire very much. In a direct or indirect way, they have all been my teachers. But they are also the ones who created an architectural environment and context in a country that didn't permit much experimentation. In the way that you're positioning my career, evidently my first period as an architect is marked by behavior similar

70, la época del presidente Echeverría. Entonces, primera conclusión: al iniciar tu trabajo profesional vienes a enfrentarte a un legado muy grande, al que honras, pero al mismo tiempo, no puedes repetir. Segunda conclusión: tienes que construir algo nuevo y, ¿qué haces para lograrlo? Decides salir. Estudias y construyes en México, pero te proyectas al extranjero. De esta manera, empiezas a desarrollarte de forma significativa.

EN Si, a finales de la década de los 70 me gradué como arquitecto en la Universidad Iberoamericana e inmediatamente me fui a Estados Unidos a realizar un posgrado, el cual terminé en 1980. En 1986 fundé mi despacho en México, TEN Arquitectos. No fue hasta que tuve la oportunidad de diseñar y construir mis primeros trabajos: el Centro de iluminación (1986), el IFAL Lindavista (1987) y el acceso a un parque público en Tarango (1989).

EK Perteneces a la generación del México que se abre. Queriendo profundamente al país, entendiste que si no salías, si no te conectabas con el exterior, tu arte y tu trabajo se empobrecerían. También hay, supongo, un factor material. Estas generaciones de arquitectos importantes y poderosos vienen de familias antiguas y acomodadas, con mucha tradición, y realizan obra pública significativa y promovida por el Estado, sobre todo en los periodos presidenciales de Luis Echeverría, José López Portillo, incluso Miguel de la Madrid y Carlos Salinas (1970-1994). Entonces ¿qué le queda a un joven arquitecto hijo de inmigrantes, legítimamente ambicioso, creativo e inquieto? El aire fresco estaba afuera: te fuiste para regresar más fuerte, más maduro.

EN Curiosamente yo soy uno de los primeros mexicanos de la generación reciente que decide salir al extranjero. A esto se suma algo que, paradójicamente para mí, siempre ha sido significativo y cuestionable, que tiene que ver con los reconocimientos: venían del extranjero, en vez de México.

XGU Me gustaría volver a lo anterior, en cómo enfrentar eso a lo que se refiere Enrique Krauze, el peso de la tradición y lo cerrado del ambiente. Así que pondré una idea sobre la mesa. Me atrevo a sugerir que tú no sólo peleas; creo que tú a tus padres arquitectos los niegas. Hay una modernidad en tu arquitectura, algo muy radical, fino y breve que yo veía venir desde antes. Hay un radicalismo elegante e inteligente que veo en tu arquitectura que creo que encontraste en el trabajo de generaciones pasadas: la simplicidad constructiva, algunas características tolerantes y el uso de materiales industriales, esos valores que se perciben en la trayectoria de tus proyectos desde el IFAL Lindavista (1987), hasta tu cajita de madera para el parque en Nueva York (2015). Hay una intención contemporánea pero que respeta la tradición y la historia.

to that of a teenager. At that age we question our parents and test our limits. As a young architect, I went through a moment of questioning my immediate predecessors, especially during the 1980s and '90s. And even if their position is different now, back then their stance was absolutely antimodern. So my rebellion was precisely against the generations before mine.

EK What Xavier is pointing out is very interesting. It would seem like you returned to the modernism of O'Gorman, Barragán, and Cetto. To address the paradox highlighted by your work, we must not forget that "originality is returning to the origin," as Antoni Gaudí used to say. You lived in tension with your teachers, but you've been generous and sincere by recognizing the work of your predecessors.

EN Definitely, I'm grateful. It is worth recognizing that throughout my initial academic formation, I had little exposure to the history and theory of architecture, which I had to catch up on while doing my master's abroad, where I found a great interest for those subjects. It was then that I also discovered the importance of modernity in our architectural development and in the development of our cities and, in general, in our way of thinking in present-day Mexico.

XGU You are suggesting, then, that only when you went abroad did you reflect on your country, on its significant architectonic tradition, and become aware of all that it encompasses, including modernism?

EN When I was abroad, I reflected on the best architectural projects in the world and I understood we have many in Mexico: works by O'Gorman, Pani, Álvarez, and many more. Architects who shaped themselves in an absolute, modern, traditional way. Of course, we should add that Mexico has received, as immigrants, renowned architects such as Hannes Meyer. Le Corbusier's interest in Brazil and Argentina was influential, too. Among other reasons, this was due to the fact that in Europe it was a moment of destruction rather than construction. Many architects emigrated or traveled to America: Neutra to Los Angeles, Mies to Chicago, Gropius to Boston, and, of course, Le Corbusier to Argentina and Brazil in 1929. Le Corbusier's infuence on Niemeyer is clear. We must remember, for example, that González de León goes to see Le Corbusier and spends eighteen months learning from him and working by his side, and then returns to Mexico with the new proposals. Mario Pani studied in France and returned to build a modern architecture that hadn't previously been possible in Mexico. The great Juan O'Gorman designed Frida Kahlo and Diego Rivera's house in San Angel in 1929. It is one of his most significant projects and a classic of modern architecture. Being abroad is how I realized the tremendous architectural richness and tradition that we have as Mexicans. Very few architects and projects were commonly known back then, but now we recognize them.

EN Los arquitectos que se han mencionado son gente que admiro mucho. De manera directa o indirecta han sido mis maestros todos ellos. Pero también son quienes habían creado en esa época un ambiente y un contexto en la arquitectura de nuestro país que no permitía prácticamente nada. En el sentido que tú lo planteas, evidentemente mi primera época como arquitecto tiene el comportamiento de cualquier adolescente. Lo que hacemos a esa edad es cuestionar a nuestros padres y probar nuestros límites. Es lo que hacen nuestros hijos, es lo mismo que hicimos nosotros. Entonces, como arquitecto joven, en un principio, por supuesto que hubo este cuestionamiento hacia mis predecesores inmediatos, sobre todo durante los años 80 y 90. Y aunque ahora su posición sea distinta, en ese tiempo su postura era absolutamente anti-moderna. Entonces mi rebeldía fue precisamente hacia a las generaciones anteriores a la mía.

EK Es muy interesante lo que apunta Xavier. Parecería que tu volviste al origen modernista, a O'Gorman, Barragán y Cetto. Para continuar con las paradojas que marcan tu trabajo, no olvidemos que "originalidad es volver al origen", como decía Antoni Gaudí. Viviste en tensión con tus maestros directos. Pero has sido generoso y justo al reconocer el trabajo de tus antecesores.

EN Definitivamente estoy agradecido. Vale la pena reconocer ahora que durante mi formación académica inicial tuve una escasa preparación en temas de historia y teoría de la arquitectura y que me tocó resarcirla durante mis estudios de posgrado en el extranjero, donde descubrí con gran interés estos temas. Fue también entonces cuando entendí la importancia de la modernidad en el desarrollo de nuestra arquitectura y nuestras ciudades y en general del pensamiento del México actual.

XGU ¿Sugieres entonces que solo cuando te encontraste fuera de México, reflexionaste acerca del país, de su significativa tradición arquitectónica, y te diste cuenta que cubre muchos matices, incluso la modernidad?

EN Cuando me encontré fuera, estudié y reflexioné sobre la mejor obra arquitectónica moderna que se hizo en el mundo y entendí que tenemos mucha y muy buena en México: O'Gorman, Barragán, Pani, Álvarez y muchos más. Arquitectos que se formaron en una tradición absolutamente moderna y, claro, a eso habría que sumar que a México llegan arquitectos grandísimos como Max Cetto y el paso temporal y fulgurante de Hannes Meyer. El interés de Le Corbusier por Brasil y Argentina influyó también mucho. Ello se debe, entre otras razones, a que en esos momentos Europa pasaba por los tiempos difíciles de la postguerra. Evidentemente en Europa hubo destrucción, no construcción, y muchos de sus grandes arquitectos emigraron o viajaron a América en el periodo de entreguerra o después de la Segunda Guerra: Neutra a Los Ángeles, Mies a Chicago, Gropius a Boston y, por supuesto, el viaje de Le

EK Mexico has always been a country that tends to look inward. Although, in architecture, Barragán was awarded the Pritzker Prize and Legorreta also reached an international status. That is to say, Mexican architecture is acknowledged, but there is a big difference between an architect going abroad and an architect being valued and respected in his or her own country. What you did was what the country did: we developed ourselves abroad.

EN Foreign reviews have always referred to me as a Mexican architect, an identity I declare with so much pride, and they acknowledged the work. That said, an internationalized "Mexican approach" was valued in my projects. That acknowledgment was also what opened many doors for me to be able to keep working in Mexico.

XGU But in reality the situation is different. A lot of borders have been erased. Your architecture "in transit"—bicultural and paradoxical, playful and tolerant, adaptable, happy, and contemporary—responds to societies, in Mexico and the United States, that are themselves more open and inclusive.

EK In my case, I never had a doubt that I had to publish my work abroad, especially in the United States. It is essential because if you don't, you feel like you're drowning.

EN You're completely right. But nevertheless, I think that the generational periods that you've set may need some flexibility. For example, the age difference between us is small, and I do find some parallels. We both lived through the moment that Mexico needed to internationalize itself.

EK Despite the fact that neither one of us has ancestors from Mexico, we are immensely grateful that the country welcomed us so warmly. But at the same time we are led by an awareness that the world is much larger and that we have to search for opportunities. Mexico is special and extraordinary, but at times, we can appreciate it more from a distance. I believe that you, Enrique, represent the architectonic vanguard of your generation; the originality in your work is one of the reasons for your success. You went to New York, the world's cultural capital. Everything happens over there in the worlds of art, literature, and architecture. I've felt that sense of attraction to New York as well.

EN There is the country Mexico and Mexico City. I strongly believe in a new world where cities are related, a new world of capitals, which is different from the idea of territories and boundaries between countries. My decision wasn't as much to work in the United States as it was, as you correctly pointed out, to work in New York. It is a global capital that offered opportunities to participate in an international dialogue. This wasn't happening anywhere, not even in Paris.

XGU What's next? You both belong to the new order, which is completely modern.

Corbusier a Argentina y Brasil, en 1929. La influencia de Le Corbusier es clara en alguien como Niemeyer, otro gigante moderno latinoamericano.

Recordemos que el mismo González de León va a ver a Le Corbusier y pasa 18 meses a su lado trabajando y aprendiendo de él, para enseguida regresar a México con nuevas propuestas. Otro ejemplo notable es Mario Pani, quien estudió en Francia y empezó a construir esa arquitectura moderna, que justamente allá no había podido hacerse y él la levanta en México, en algunos casos antes que los europeos lo logren. Otro caso singular es Juan O'Gorman, el gran moderno. Una de sus obras más significativas son las casas-estudio de Frida Kahlo y Diego Rivera, en San Ángel, diseñadas en 1929 y que son un clásico de la arquitectura moderna. Así que, estando afuera, pude darme cuenta de esa tremenda riqueza y tradición arquitectónica que tenemos como mexicanos.

EK México siempre ha tenido el problema de ser un país que mira hacia adentro. Aunque en la arquitectura se reconoció a Luis Barragán con el premio Pritzker. Legorreta también alcanzó una dimensión internacional. Es decir, la arquitectura mexicana es reconocida, pero hay una gran diferencia cuando un arquitecto va a trabajar fuera y es valorado y respetado. Lo que tú hiciste fue una metáfora de lo que hizo el país: el modo de desarrollarnos estaba fuera.

EN Siempre la crítica extranjera se refirió a mí como arquitecto mexicano, reconociendo mi trabajo. Y en su dicho, igualmente valoraron en mi obra esa "mexicanidad" internacionalizada. Entienden bien esa dicotomía. Ello también significó una punta de lanza que me abrió muchas puertas para seguir trabajando en México.

XGU Pero en la actualidad es diferente la situación. Muchas de las fronteras se han borrado. Tu arquitectura en "tránsito", bicultural y paradójica, juguetona y tolerante, apropiable, feliz y contemporánea, obedece a unas sociedades, en México y Estados Unidos, que son ellas mismas así, que son más abiertas e incluyentes.

EK En mi caso, nunca tuve duda que había que publicar fuera, en Estados Unidos sobre todo. Es fundamental, porque si no, uno se ahoga.

EN Tienes toda la razón. Sin embargo, pienso que las fechas generacionales que has marcado, a lo mejor necesiten flexibilidad. Por ejemplo, la diferencia entre tú y yo es mínima, y yo sí encuentro algunos paralelismos. Los dos vivimos el momento donde México tuvo que internacionalizarse.

EK A pesar de que nuestros ancestros no son de México, tenemos un agradecimiento inmenso al país que los acogió, pero al mismo tiempo nos guía la conciencia de que el mundo es más amplio y que hay que buscar horizontes. México es particular y extraordinario, pero se le aprecia más si se le recrea a veces de fuera. Yo creo entonces que tú, Enrique, representas una vanguardia arquitectónica en tu generación. Es decir,

EN Proposals and projects by today's young architects are amazing. I'm referring to the next generation, born between 1980 and 1995, the so-called millennials. They were born with technology.

My generation has seen a technological revolution. I must confess, I am the only one on my team, at my studio, who doesn't know how to use these new technologies. My generation has to deal with a changing world, a world of intercommunication, immediacy, and increased technological capacity, which are important. These things are permanently altering all aspects of life and, in my case in particular, architecture. Millennials don't "deal" with these new technological novelties, they were born with them. They are global citizens, although by living intensely in the present, they have sometimes stopped considering the past and future.

EK How could I summarize your resume, Enrique? You were a student of renowned architects. You are indebted to the traditional architecture of Mexico. But you became aware of a subtle transformation: the country was changing and globalizing itself. It was your decision to be the leader in this evolution. You didn't just go to Iowa or Sacramento, you left for New York. And, finally, there's your magnificent work: it is a testament to your creativity. And it still promises to give more, I expect it to.

hay que romper "la cortina de nopal" para el norte y es una clave de tu éxito. Te fuiste a Nueva York, la capital del mundo. En realidad, todo ocurre allá en el ámbito de las artes, la literatura y la arquitectura. Esa gravitación-imán de Nueva York que sentiste yo también la he experimentado.

EN Hay un México-país y hay un México-ciudad y yo creo enormemente en un nuevo mundo que es de relaciones de ciudades, de capitales, que es diferente a la idea de territorios y de fronteras entre países. Entonces, mi decisión no fue tampoco empezar a trabajar en Estados Unidos, como tú lo señalas atinadamente, sino empezar a trabajar en Nueva York. Es una capital global, que me brindaba oportunidades para poder participar en este discurso mundial. Lo cual no estaba sucediendo ya ni en París o Londres, ni en ninguna otra parte.

XGU ¿Qué sigue? Ambos pertenecen al nuevo orden que es plenamente moderno.

EN Los jóvenes arquitectos del presente tienen magníficas propuestas y proyectos. Me refiero a la siguiente generación, que nace entre 1980 y 1995, a aquellos que les llaman *millennials*. Ellos ya nacieron con las tecnologías. Mi generación ha vivido una revolución tecnológica. Debo de confesar que soy el único en mi taller que no sabe usar las nuevas tecnologías. Nos toca lidiar con un mundo cambiante, de intercomunicación, de inmediatez, de capacidades tecnológicas, que son importantes y que por consecuencia están permanente alterando todos los aspectos de la vida y en particular de la arquitectura. Los *millennials* ya no "lidian" con esas nuevas tecnologías, nacieron con ellas a la mano, son ciudadanos del mundo, aunque por vivir tan intensamente su pasión por el presente, a veces han dejado de ver el pasado y el futuro.

EK ¿Cómo resumir tu perfil, Enrique? Fuiste discípulo de grandes arquitectos. Eres deudor de la gran tradición arquitectónica de México. Pero te diste cuenta de una mutación silenciosa: el país estaba cambiando y abriéndose. Tu decisión fue encabezar la primera migración en forma. Y no te fuiste a Iowa, ni a Sacramento. Pusiste una "Pica en Flandes": te fuiste a Nueva York. Y ahí está tu magnífica obra construida: da fe de tu creatividad. Y aún promete dar mucho, así lo espero.

Estaciones del Tren Interurbano de Pasajeros México-Toluca

Ciudad de México a Toluca, CDMX–EDO, 2014–2018

In 2014, TEN Arquitectos was commissioned to work with Mexico's secretariat of communications and transportation to design six train stations along a major new railroad line. The proposed Mexico-Toluca Intercity Railroad links the Toluca Valley in Central Mexico to the western edge of Mexico City. The first electrical transportation system of its kind in Latin America, the line provides much-needed relief to the traffic congestion between urban areas in the region.

En 2014, a TEN Arquitectos se le encargó trabajar junto con la Secretaría de Comunicaciones y Transportes en el diseño de seis estaciones de tren a lo largo de una nueva e importante línea de ferrocarril. El propuesto Tren Interurbano entre el Valle de México y Toluca conecta el Valle de Toluca con el poniente de la Ciudad de México. Será el primer sistema de transporte eléctrico de este tipo que se inaugura en América Latina,

As the stations are the primary spaces connecting the train line and the community, our design strategy was aimed at finding opportunities within each context to create a center of wider transformation, a catalyst for positive change in the architecture and public infrastructure of the surrounding area. We designed the stations as a kit of parts, optimizing their construction and maintenance while adapting each station to its unique conditions. Clearly articulated commercial and public spaces with surrounding alternative means of transportation, such as car parking and bus connections, were added to the program in order to create local centers. The totem signs employed at all stations function as markers of a public building that is easily recognizable from a distance.

brindando un muy necesitado alivio a los problemas de congestión de tránsito entre las zonas urbanas de la región. Al ser la primera interface entre la línea de tren y la comunidad, nuestra estrategia de diseño se centró en encontrar oportunidades dentro de cada contexto para crear un centro de transformación aún más amplio, un catalizador para cambios positivos dentro de la arquitectura y de la infraestructura pública de la zona circundante. Diseñamos las estaciones en forma de propuesta organizada por módulos, optimizando su construcción y mantenimiento y adaptando, a su vez, cada estación a sus condiciones específicas. Con el fin de crear centros locales, se le sumaron al programa arquitectónico espacios comerciales y públicos claramente articulados, con medios de transporte alternativos, como conexiones de autobús y estacionamientos. Los carteles tótem utilizados en cada estación funcionan como indicadores de los edificios públicos que pueden reconocerse fácilmente y desde lejos.

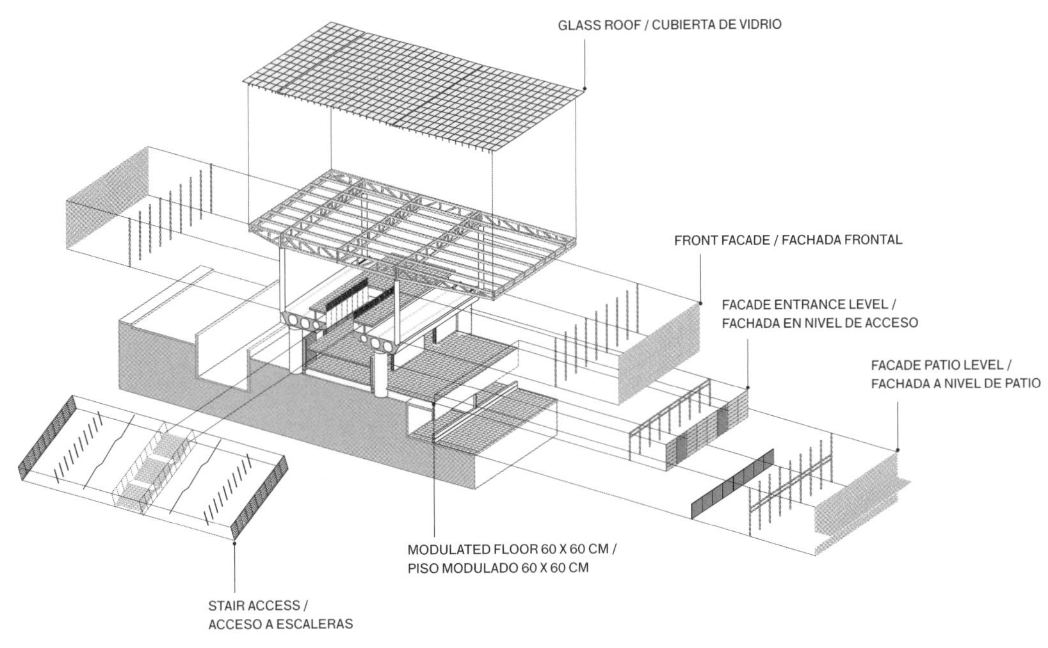
GLASS ROOF / CUBIERTA DE VIDRIO
FRONT FACADE / FACHADA FRONTAL
FACADE ENTRANCE LEVEL / FACHADA EN NIVEL DE ACCESO
FACADE PATIO LEVEL / FACHADA A NIVEL DE PATIO
MODULATED FLOOR 60 X 60 CM / PISO MODULADO 60 X 60 CM
STAIR ACCESS / ACCESO A ESCALERAS

METEPEC

Universidad Panamericana

Ciudad de México, CDMX, 2012–2015

Located in the heart of Mexico City, in the Insurgentes Mixcoac neighborhood, the Panamerican University is an addition to an old *hacienda*, a core of buildings from the sixteenth to twentieth centuries with both historical and cultural value. Made up of three independent but intersecting buildings, the addition to the campus houses workshops, offices, and a five-hundred-seat auditorium. Together, the buildings fit carefully within the area's existing

Ubicada en el corazón de la Ciudad de México, en la Colonia Insurgentes Mixcoac, la Universidad Panamericana se desarrolló a partir de una vieja hacienda, un núcleo de edificios que van del siglo XVI al XX y que tienen valor histórico y cultural. Conformada por tres edificios independientes pero entrecruzados, la ampliación al campus alberga talleres, oficinas y un auditorio para 500 personas. En su conjunto, los edificios caben delicadamente

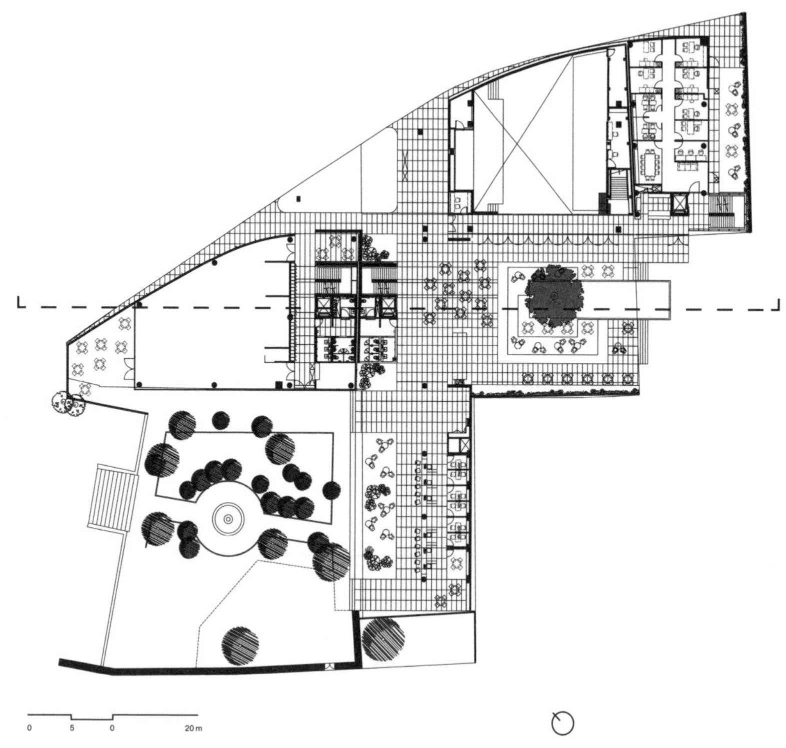
0
5
0
20 m

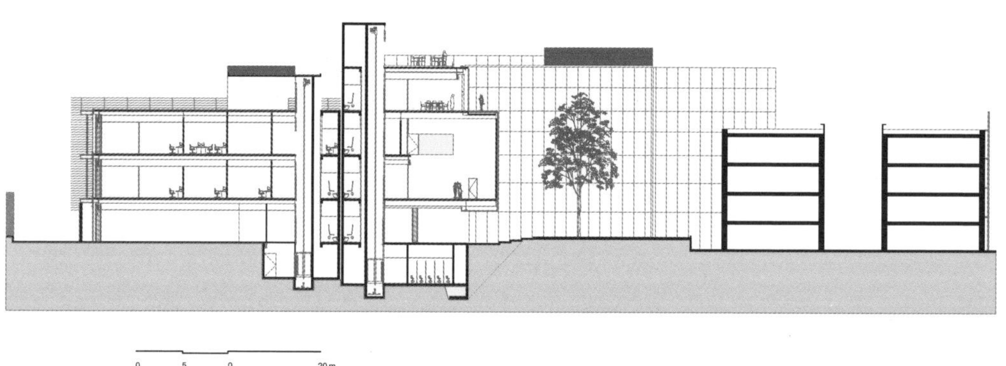
0
5
0
20 m

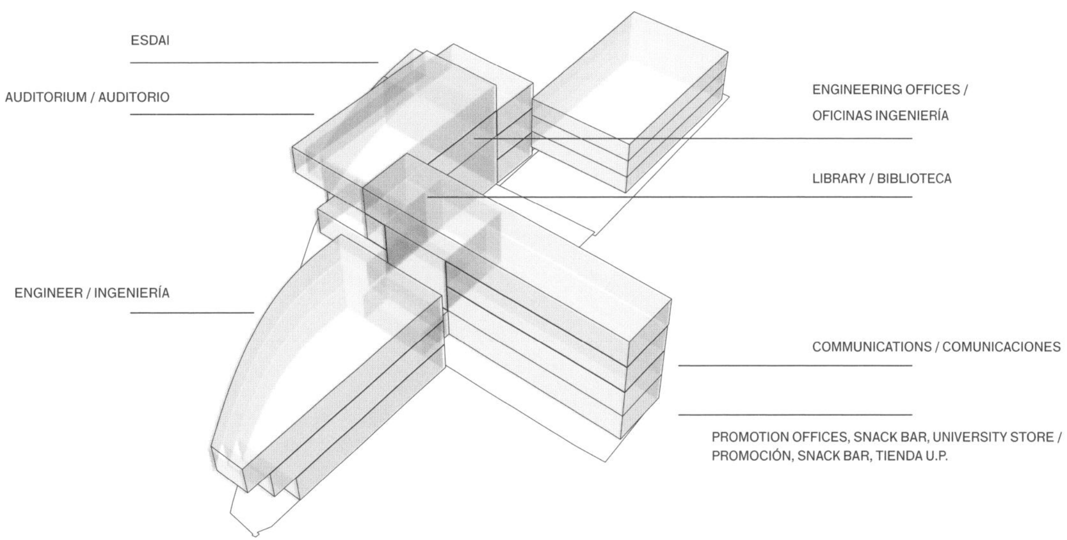
ESDAI
AUDITORIUM / AUDITORIO
ENGINEERING OFFICES /
OFICINAS INGENIERÍA
LIBRARY / BIBLIOTECA
ENGINEER / INGENIERÍA
COMMUNICATIONS / COMUNICACIONES
PROMOTION OFFICES, SNACK BAR, UNIVERSITY STORE /
PROMOCIÓN, SNACK BAR, TIENDA U.P.

network of historic courtyards and frame a new public plaza centered around a century-old tree. The campus expansion highlights the university's goal of promoting education and research within its historic surrounding, and celebrates the institution's contemporaneity by giving its schools cutting-edge workshops and infrastructure.

dentro de la red ya existente de los patios históricos de alrededor, y ofrecen el marco de una nueva plaza pública que tiene como centro un árbol centenario. La ampliación del campus destaca la ambición de la universidad para promover la educación y la investigación dentro de su entorno histórico, y celebra la contemporaneidad de la institución brindándole a sus diferentes facultades una infraestructura de vanguardia y talleres con la más avanzada tecnología.

CONACYT

Monumento del 150 aniversario de la Batalla de Puebla

Puebla, PUE, 2011–2012

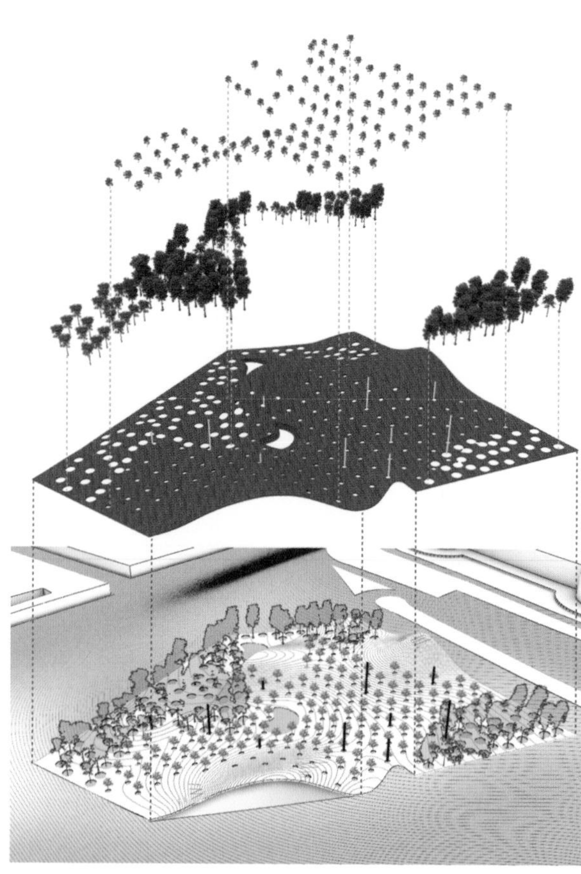

Puebla is a city rich in tradition, where every corner reflects a different moment in its dynamic history. Within this mosaic, on the northeast side of the Los Fuertes area, a complex of spaces for education and recreation was chosen as the site for a memorial to the Battle of Puebla, in which the Mexican army triumphed over occupying French soldiers, to mark its 150th anniversary. While the competition brief requested a traditional monument, TEN's winning

Puebla es una ciudad rica en tradición, donde cada esquina es reflejo de un momento de su dinámica historia. Dentro de este mosaico, en el lado noreste de la zona de Los Fuertes, un conjunto de espacios para la educación y la recreación fue elegido como el sitio para el monumento emblemático de la Batalla de Puebla, en la que el ejército Mexicano triunfó ante las fuerzas de ocupación de los soldados franceses, en su 150 aniversario.

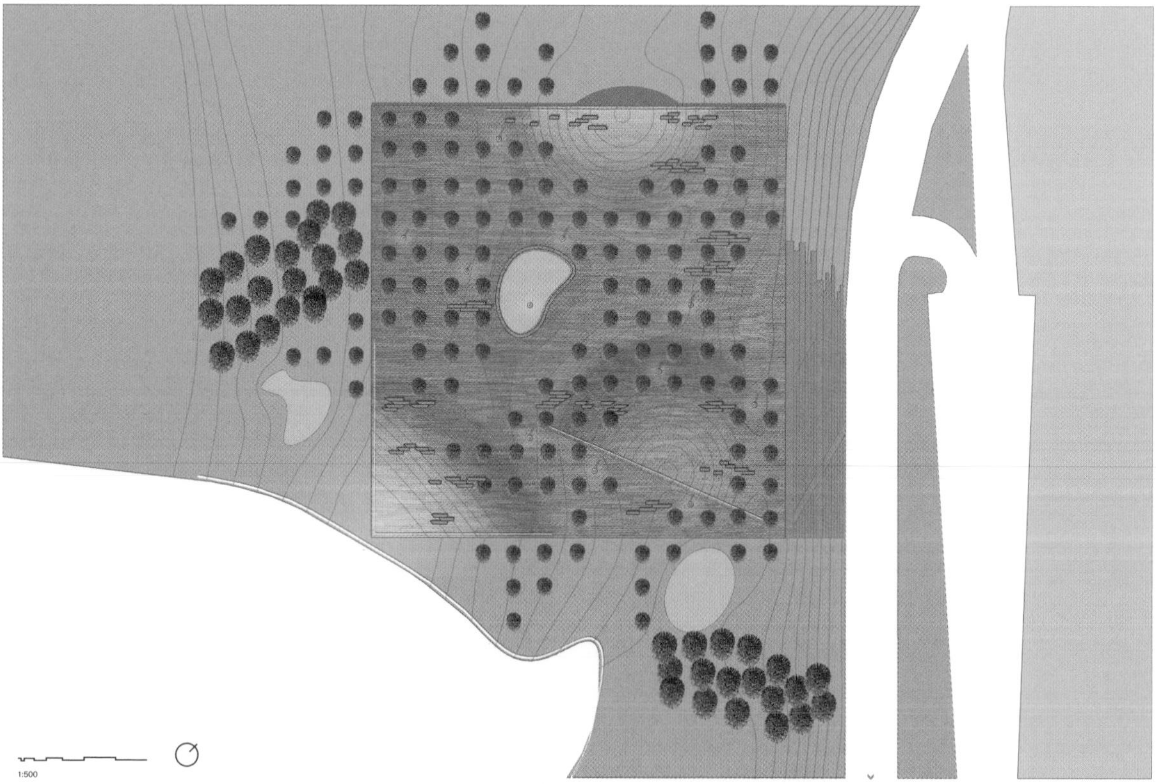

1:500

proposal reinterprets the site as a park to transform public space into the memorial itself. The design includes the creation of a new ground level that offers vast views over the city. Beneath the undulating surface, space was created for a range of programs: a gallery, a library, a playground, and a cafe, in addition to a large public plaza.

Si bien la descripción del concurso exigía un monumento tradicional, la propuesta ganadora de TEN Arquitectos reinterpreta el lugar como un parque, transformando el espacio público en el monumento en sí. El diseño incluye la creación de un nuevo nivel de superficie que ofrece amplias vistas de la ciudad. Debajo de esta superficie ondulante, se creó un espacio que abarca una serie de programas: una galería, una biblioteca, una ludoteca, una cafetería, y una gran plaza pública.

Mercedes House

New York, NY, 2006–2012

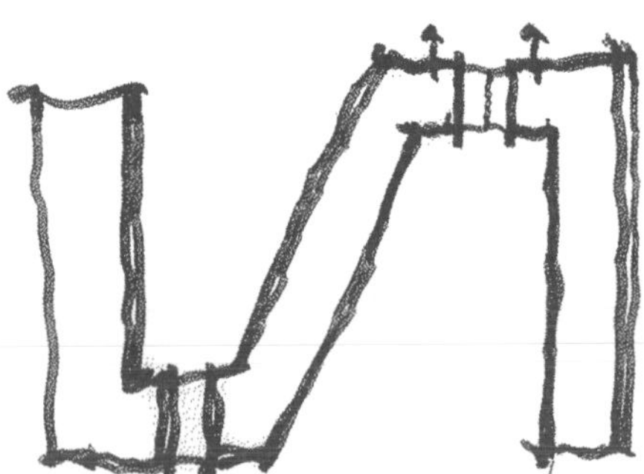

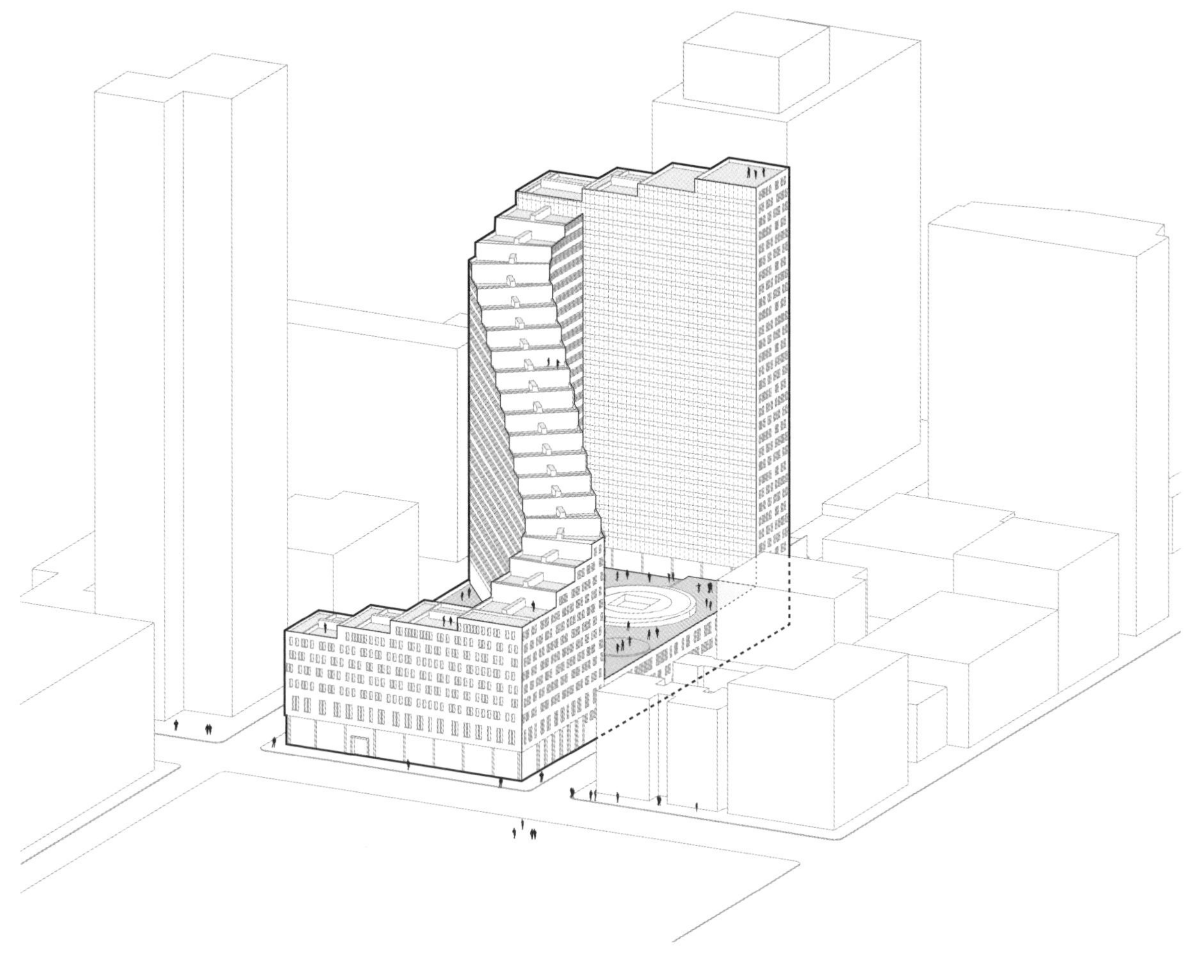

On the western edge of midtown Manhattan, the Mercedes House mixed-use development occupies more than half a city block, comprising a total of 1.3 million square feet of commercial and residential space. The design, which slopes up and away from De Witt Clinton Park at a starting height of 86 feet along Eleventh Avenue, reaching 328 feet at its peak, is deeply rooted in the unique conditions of the site. As a moment of transition, the building successfully

Ubicado en el extremo oeste del centro de Manhattan, este conjunto de viviendas llamado Casa Mercedes es un desarrollo de usos mixtos que ocupa más de la mitad de la manzana, y que está compuesto por un total de 120,000 metros cuadrados de espacio comercial y residencial. El diseño, que asciende alejándose del Parque De Witt Clinton con una altura inicial de 30 metros a lo largo de la avenida 11 para rebasar los 100 en su parte más

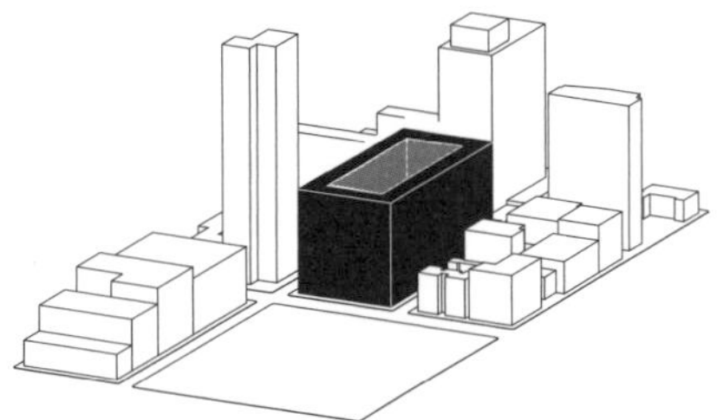

EXISTING ZONING SUGGESTS A COURTYARD CONFIGURATION OF THE RESIDENTIAL UNITS WHERE THE BUILDING MASS IS PUSHED TO THE STREET EDGE. / ZONIFICACIÓN EXISTENTE SUGIERE EL DESARROLLO DE LAS UNIDADES HABITACIONALES EN UNA CONFIGURACIÓN DE PATIO, DONDE EL EDIFICIO ES EMPUJADO A LA ORILLA DE LA CALLE

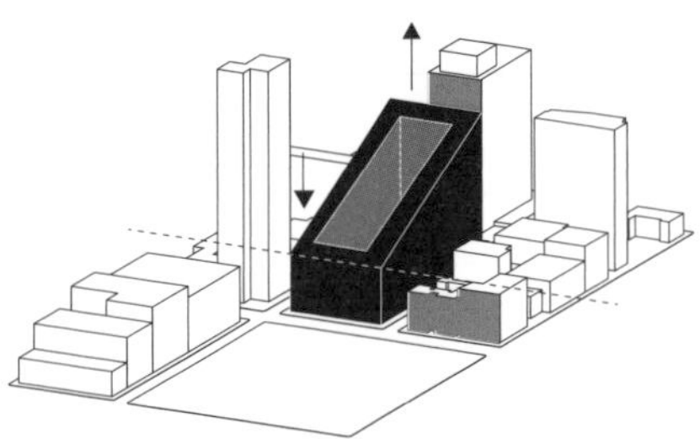

LOWERING THE MASS AT ELEVENTH AVENUE RESPONDS TO THE HISTORIC STREETWALL, RAISING THE MASS SCREENS VIEWS OF THE AT&T SERVICE TOWER, AND TOGETHER THESE MOVES INCREASE UNIT VIEWS. / REDUCIENDO EL VOLUMEN HACIA LA ONCEAVA AVENIDA RESPONDE A LAS COLINDANCIAS, ELEVA LAS VISTAS DEL VOLUMEN DE LA TORRE DE SERVICIO AT&T, EN CONJUNTO ESTOS MOVIMIENTOS INCREMENTAN LAS VISTAS DE LA UNIDAD

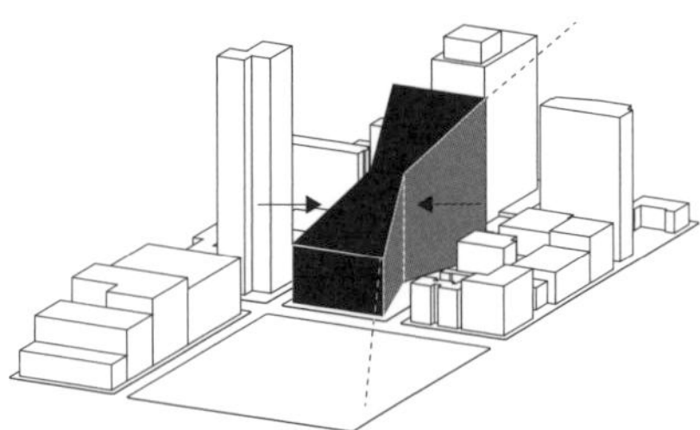

INVERTING THE COURTYARD RELATIONSHIP ENHANCES LIGHT AND AIR TO THE STREET AND PROVIDES RELIEF FROM EXISTING AND FUTURE HIGH RISE DEVELOPMENTS. / INVIRTIENDO LA RELACIÓN DEL PATIO INCREMENTA LA LUZ Y EL AIRE HACIA LA CALLE Y PROVEE ALIVIO A LOS DESARROLLOS DE ALTA DENSIDAD EXISTENTES Y FUTUROS.

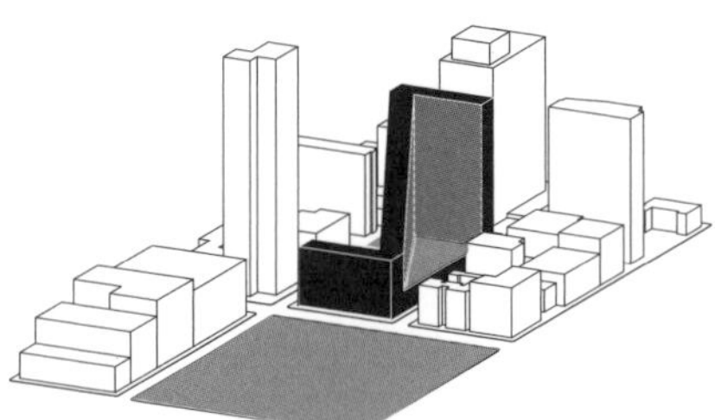

THE "S" CONFIGURATION CREATES TWO DISTINCT URBAN COURTYARDS, MAXIMIZES UNITS WITH VIEWS, RESPECTS THE HISTORIC STREETWALL, AND MINIMIZES THE IMPACT OF BUILDING MASS ON THE STREET. / LA CONFIGURACIÓN EN "S" GENERA DOS PATIOS URBANOS, MAXIMIZA LAS UNIDADES CON VISTAS, RESPETA LAS COLINDANCIAS Y MINIMIZA EL IMPACTO DEL EDIFICIO SOBRE LA CALLE.

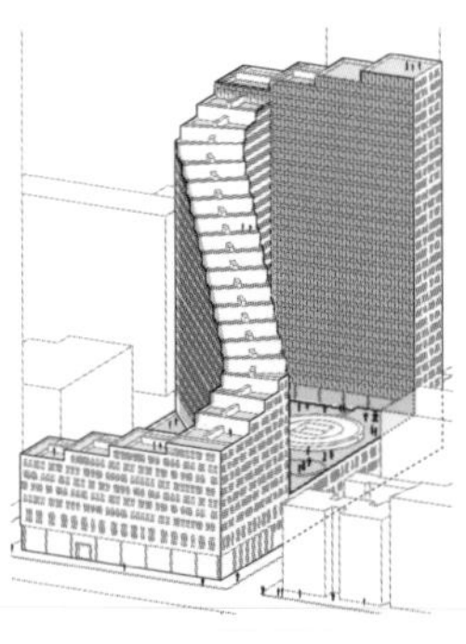

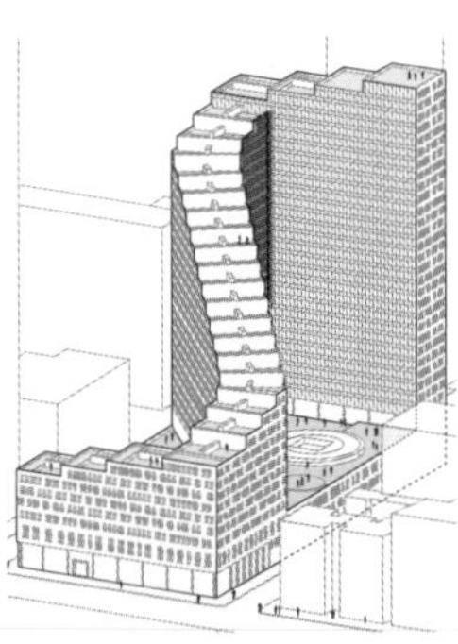

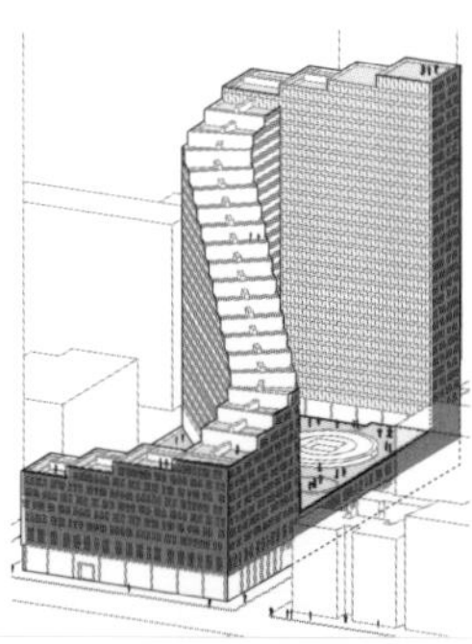

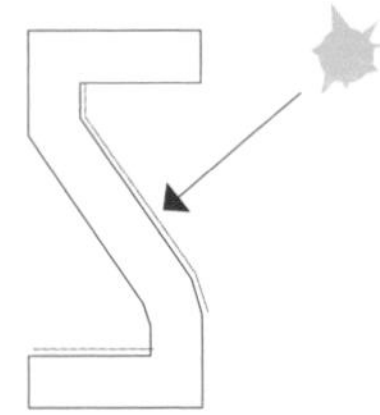

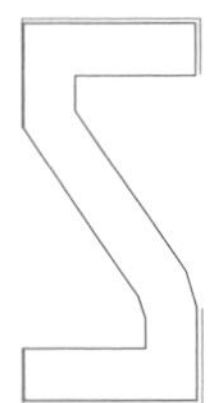

HYBRID WALL GLAZING
POROSITY TOWARDS GARDENS
/ BRILLO DE MURO HÍBRIDO
POROSIDAD HACIA JARDINES

HYBRID WALL + LOUVERS
SOLAR CONTROL / MURO
HÍBRIDO + PERSIANAS
CONTROL SOLAR

UNITIZED RAINSCREEN
CONTEXTUAL SCALE OF THE CITY/
SISTEMA DE FACHADA UNIFICADO
ESCALA CONTEXTUAL DE LA CIUDAD

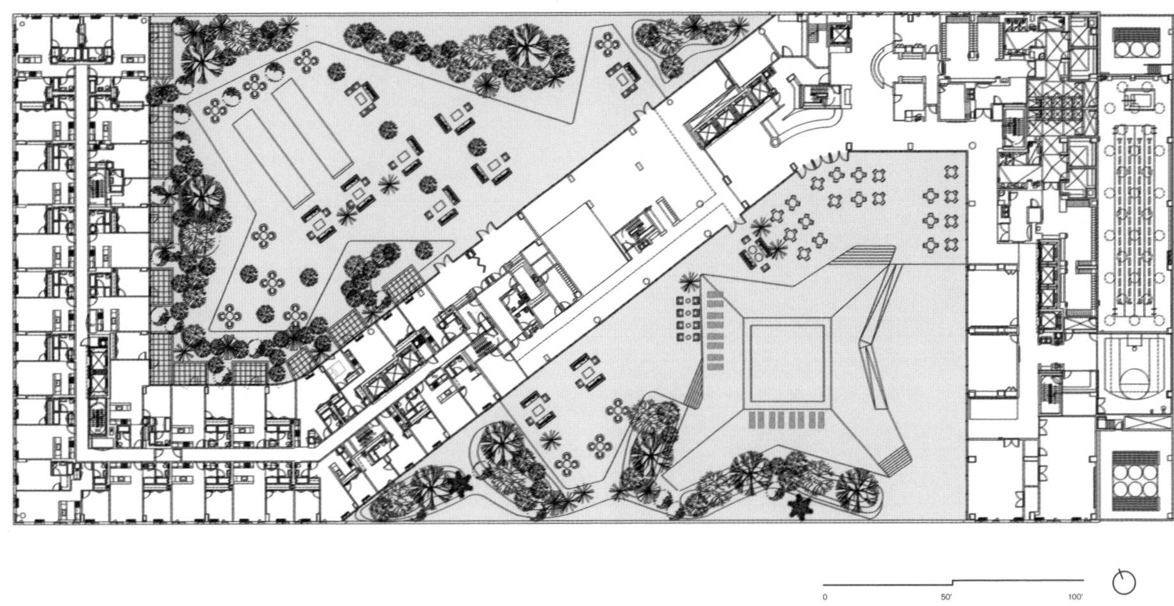

0 50' 100'

reconciles two distinctly different urban scales: the flat, horizontal plane of the waterfront park to the west and the dense, predominantly vertical grid of Manhattan to the east. The building's curving structure introduces two courtyards—a sun-bathed pool garden to the south and a shaded activities court to the north. The complex's semipublic exterior spaces are activated during both the day and night by the amenities, which include a gallery, a market, and a health club at its perimeter. With its slim profile of private units and terraces, as well as fluid circulation to its courtyards, the building connects directly to the surrounding city.

alta, está profundamente arraigado en las condiciones específicas del lugar. Como un momento de transición, el edificio reconcilia en forma efectiva dos escalas urbanas claramente diferentes: el plano horizontal y sin elevaciones del parque que da al mar hacia el oeste, y el Manhattan intenso y predominantemente vertical del este. La estructura en curva del proyecto introduce dos patios: un jardín con alberca a pleno sol hacia el sur, y un patio de actividades sombreado hacia el norte. Los espacios semipúblicos y al aire libre del conjunto tienen vida tanto durante el día como en la noche gracias a

Allianz

Because everything matters.
Luxury has a new address.
Mercedes-Benz Manhattan

la actividad que tiene lugar en la galería, el mercado y el gimnasio. El delicado perfil de unidades y de terrazas privadas y la circulación fluida hacia los espacios al aire libre hacen que el edificio se integre en forma directa con la ciudad que lo rodea.

Centro Comunitario Bet-El

Ciudad de México, CDMX, 2014–2018

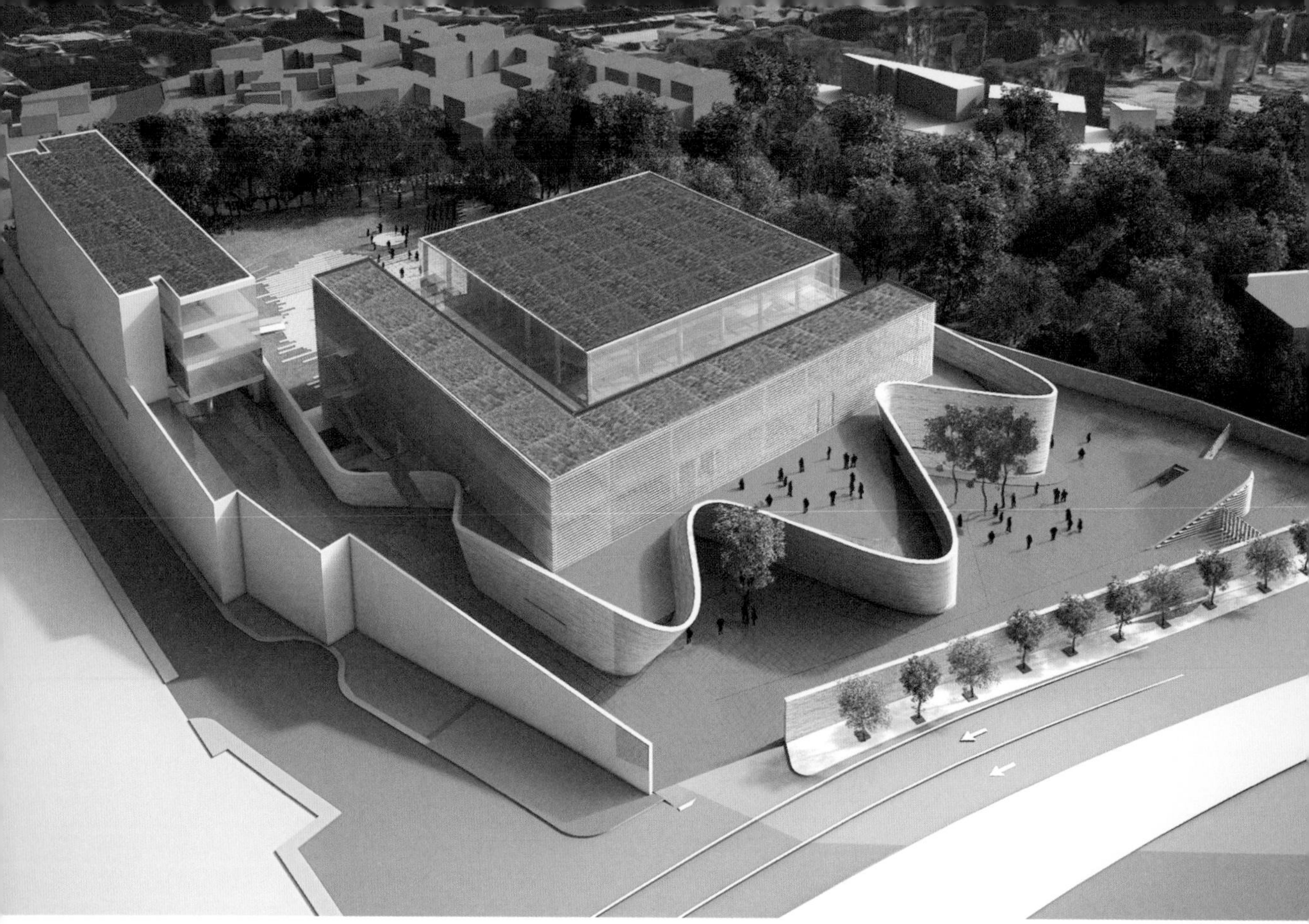

Located in a suburban neighborhood of Mexico City, the Bet-El Synagogue and Community Center offers a sacred home and meeting point for its lively community. The synagogue and community center is formed by a sequence of structures that define the borders of the site, as layers that wrap around an open plaza: The outermost structure is an undulating wall of white stone that defines the exterior perimeter of the buildings and houses the entrance, a small temple used for daily prayer, and the *mikveh*,

Ubicados en una colonia suburbana de la Ciudad de México, con poco tránsito de peatones y poca actividad, la Sinagoga y Centro Comunitario Bet-El ofrecen un hogar sagrado y un punto de encuentro para su activa comunidad. La sinagoga y centro comunitario están formados por una secuencia de estructuras que definen los confines del lugar, envolviéndolo alrededor de una plaza con varias capas. La estructura del exterior es un muro ondulante de piedra blanca

a ritual bath. A second volume, an L-shaped edifice that lies beyond the entrance wall, hosts supporting programs and offices. Finally, framed by the L-shaped structure is a square building that houses the principal uses of the building—the synagogue's circular main sanctuary and its event hall. A multipurpose structure, which houses programs that promote social interaction within the community and spaces for educational use, defines the northern boundary of the site.

que define el perímetro exterior del edificio y alberga la entrada, un pequeño templo que se utiliza para el rezo cotidiano y el mikveh. Un segundo volumen, una estructura en forma de L que yace más allá del muro de entrada, incorpora los programas de apoyo y las oficinas. Finalmente, enmarcado por esta estructura en L, se encuentra un edificio cuadrado que aloja los usos principales del edificio: el santuario circular, el principal de la sinagoga y un salón de eventos. Una estructura de usos múltiples que aloja espacios didácticos y áreas para el desarrollo de los programas educativos y de interacción social dentro de la comunidad define el límite norte del lugar.

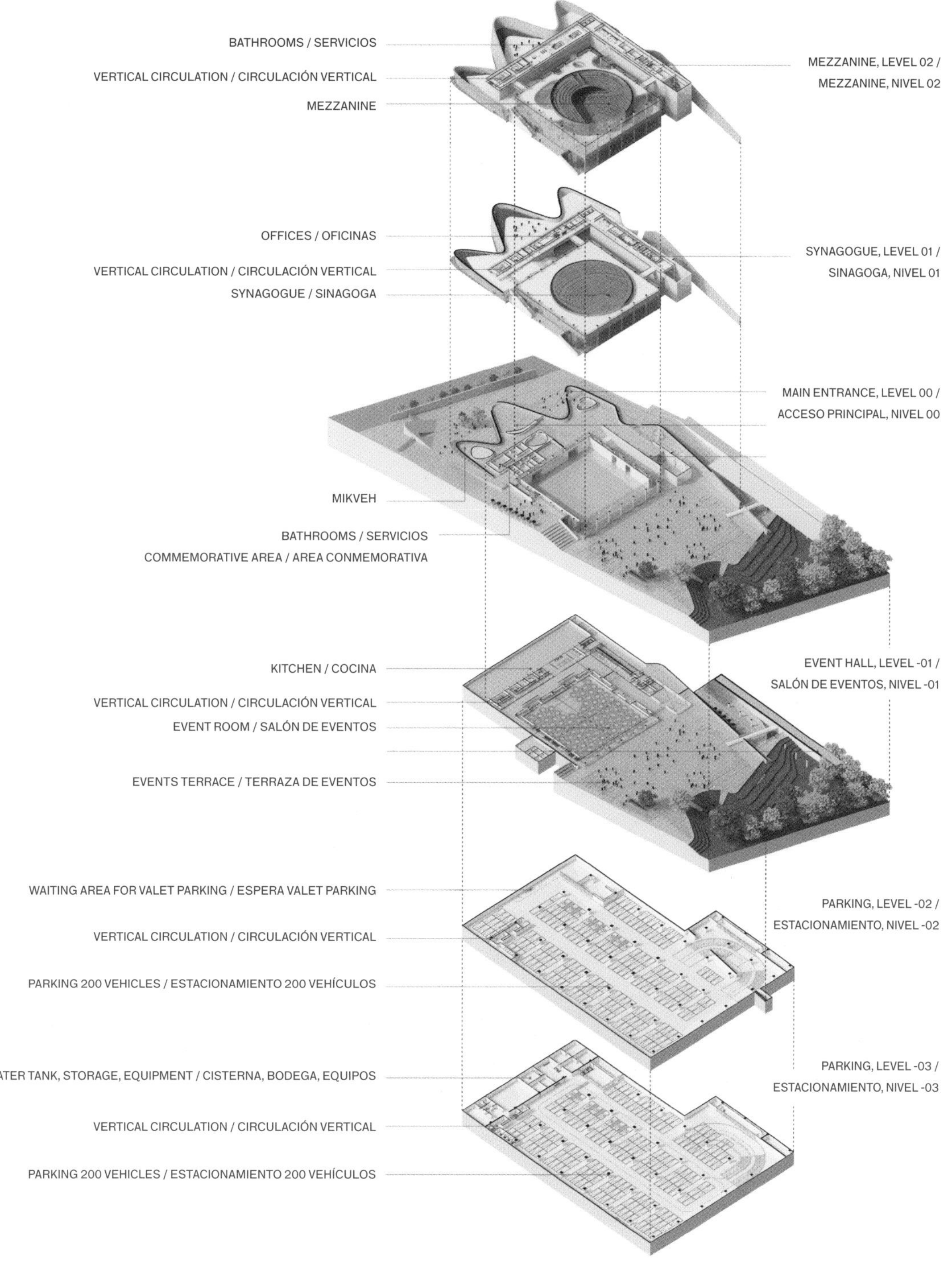
BATHROOMS / SERVICIOS
VERTICAL CIRCULATION / CIRCULACIÓN VERTICAL
MEZZANINE
MEZZANINE, LEVEL 02 /
MEZZANINE, NIVEL 02
OFFICES / OFICINAS
VERTICAL CIRCULATION / CIRCULACIÓN VERTICAL
SYNAGOGUE / SINAGOGA
SYNAGOGUE, LEVEL 01 /
SINAGOGA, NIVEL 01
MAIN ENTRANCE, LEVEL 00 /
ACCESO PRINCIPAL, NIVEL 00
MIKVEH
BATHROOMS / SERVICIOS
COMMEMORATIVE AREA / AREA CONMEMORATIVA
KITCHEN / COCINA
VERTICAL CIRCULATION / CIRCULACIÓN VERTICAL
EVENT ROOM / SALÓN DE EVENTOS
EVENTS TERRACE / TERRAZA DE EVENTOS
EVENT HALL, LEVEL -01 /
SALÓN DE EVENTOS, NIVEL -01
WAITING AREA FOR VALET PARKING / ESPERA VALET PARKING
VERTICAL CIRCULATION / CIRCULACIÓN VERTICAL
PARKING 200 VEHICLES / ESTACIONAMIENTO 200 VEHÍCULOS
PARKING, LEVEL -02 /
ESTACIONAMIENTO, NIVEL -02
WATER TANK, STORAGE, EQUIPMENT / CISTERNA, BODEGA, EQUIPOS
VERTICAL CIRCULATION / CIRCULACIÓN VERTICAL
PARKING 200 VEHICLES / ESTACIONAMIENTO 200 VEHÍCULOS
PARKING, LEVEL -03 /
ESTACIONAMIENTO, NIVEL -03

Museo Nacional de Energía y Tecnología (MUNET)

Ciudad de México, CDMX, 2015–2018

Chapultepec Park is the cultural heart of Mexico City and the oldest and largest urban park in Latin America. The park is occupied by several cultural institutions, which offer important programs but simultaneously privatize large areas of the landscape. Understanding this history of increasing privatization, we designed the Museum of Energy and Technology (MUNET) as an undulating landscape abounding with cultural and educational programs beneath the surface.

Además de ser el corazón cultural de la Ciudad de México, el Bosque de Chapultepec es el parque más antiguo y más grande de toda América Latina. El bosque alberga varias instituciones culturales que brindan importantes programas y que a su vez privatizan grandes áreas del paisaje. Teniendo en cuenta esta idea de una privatización que va en aumento diseñamos la propuesta ganadora del Museo Nacional de Energía y Tecnología (MUNET) como un paisaje ondulante que

MUNET

MUNET

As an active landscape within the park, the museum creates new green areas and recovers the Chapultepec forest, returning it to the city.

The landscape, which increases the green area of the site by 185 percent, offers a single fluid experience between interior and exterior spaces. The new topography is defined and energized by the program. MUNET will be more than a typical education-oriented museum: it will also function as a platform for research that will reach beyond Chapultepec Park and Mexico City to empower the people of Mexico and engage them in a global conversation about energy, sustainability, and technology.

alberga en su interior programas culturales y educacionales. Como paisaje activo dentro del parque, el museo genera nuevas áreas verdes y recupera el bosque de Chapultepec para devolvérselo a la ciudad.

El paisaje, que aumenta en un 185% las áreas verdes del lugar, ofrece una única experiencia que fluye entre los espacios interiores y exteriores. El programa arquitectónico define y dinamiza una nueva topografía. MUNET será mucho más que un típico museo con orientaciones didácticas. Funcionará también como una plataforma para la investigación que irá más allá del Bosque de Chapultepec y de la Ciudad de México con el fin de capacitar a los mexicanos y hacerlos parte de un diálogo sobre energía, sustentabilidad y tecnología.

The Bilingual Urbanism of TEN Arquitectos

El urbanismo bilingüe de TEN Arquitectos

Barry Bergdoll

The practice of TEN Arquitectos has blossomed in recent years through its continual exchange between North America's two megacities: New York and Mexico City. These financial and cultural capitals rival each other in the rate of their construction booms and in the extent to which each has been shaped by local and globalizing forces. In both contexts Enrique Norten is a key actor, addressing a consistent set of lines of investigation responsive to the rapid densification of megacities everywhere. Those lines of investigation—the scales of a building and its immediate public space, the city and the transformative power of its systems and networks, and the territory and its needs for identity and organization—are the main threads that unite a growing and diverse body of work in both the purely private speculative sector and in the increasingly hybrid mixed public-private developments of the culture sector. No less is Norten at the forefront of the cross-fertilization of two urban cultures he knows so well. For his is a *verdadera* bilingual practice: he and his collaborators are able, architecturally, to shift effortlessly between different grammars, different climates, different urban traditions, different social norms, and different expected forms of civic address, all the while retaining a core set of convictions. Like most who enjoy the insights that come from bilingualism, Norten and his associates savor the nuances of difference. That which is possible in one language or setting but finds no precise equivalent in the other might well be a source of new perceptions, new forms, and new solutions.

Mexico City and New York cross-pollinate in TEN Arquitectos' practice in a way that the two metropolises have not enjoyed for several generations, thereby renewing not only a modernist language of architecture but also a tradition in which innovation in Mexican art and architecture was brought about by cosmopolitan actors from abroad. Mexican artists and architects have historically, since at least the 1920s, invigorated New York with new ideas even as they have returned to Mexico, bringing inspiration from the American metropolis to ancient cities in the throes of rapid modernization. Today Norten assumes the mantle of that go-between role with an architecture that is cosmopolitan in its vocabulary even as it brings to New York forms and gestures that resonate with the plein air urban culture of the Latin plaza and the vibrancy of dense Mexico City.

El trabajo de TEN Arquitectos ha crecido en los últimos años con el continuo intercambio entre dos de las mega-ciudades de América del norte: Nueva York y la Ciudad de México. Estas capitales culturales y financieras se contraponen hoy en el ritmo de sus respectivos *booms* de construcción, así como en el grado en que cada una de ellas ha sido afectada por las fuerzas tanto locales como globalizadoras. En ambos contextos, Enrique Norten es un agente clave que trabaja con un conjunto consistente de líneas de investigación en respuesta a la rápida densificación de las mega-ciudades en todas partes. Esas líneas de investigación (las escalas del edificio y del espacio público que lo rodea, la ciudad y el poder transformador de sus sistemas y redes, y el territorio y sus necesidades de identidad y de organización), son los hilos principales que unen un diverso *corpus* de proyectos que está creciendo tanto en el sector privado puramente especulativo, como en los desarrollos cada más vez híbridos que combinan lo público y lo privado dentro del sector cultural. Norten está al mismo frente de la fertilización cruzada de estas dos culturas urbanas que conoce tan bien. Porque su trabajo es verdaderamente bilingüe. Tanto él como sus colaboradores son capaces de desplazarse, arquitectónicamente y sin esfuerzo, entre gramáticas diferentes, climas diferentes, tradiciones urbanas diferentes, normas sociales diferentes y diferentes expectativas de comportamiento cívico; siempre manteniendo un núcleo central de convicciones. Como la mayoría de quienes saben disfrutar de los conocimientos que conlleva el bilingüismo, Norten y sus socios se deleitan en los matices de la diferencia. Aquello que es posible en cierta lengua o en cierto ambiente pero que no encuentra un equivalente preciso en otra lengua o en otro ambiente, bien puede ser fuente de nuevas percepciones, nuevas formas y nuevas soluciones.

La Ciudad de México y Nueva York entablan una polinización cruzada que se plasma en el trabajo de TEN Arquitectos de un modo diferente al que han vivido por generaciones, renovando así no solo un lenguaje modernista de la arquitectura sino también una tradición en la que la innovación en el arte y en la arquitectura mexicanos tuvo lugar gracias a agentes cosmopolitas del

Along with the renewal of modernist experimentation, it is important to note the ways in which TEN Arquitectos' commissions reveal a firm commitment to work in the public realm. This is a commitment that has no nostalgia for the lost political and economic conjunctures of the Great Society in the United States, or the promise of the postrevolutionary Mexican government to shape a new society through public institutions and spaces. Rather, it is one that requires a willingness to promote values that architecture can achieve even within the pragmatic acceptance of the vagaries, compromises, and challenges of the public-private forging of the urban realm that is now the norm.

Today it is often the architect who advocates for the urban and urbane dimensions of a project; this is a hallmark of Norten's practice, nowhere clearer than in the evolution of his solutions on a single site in Brooklyn. On a site on Flatbush Avenue adjacent to the Brooklyn Academy of Music (BAM), a civic monument from another era, Norten emerged briefly in the limelight with a spectacularly transparent and prize-winning design for a new visual and performing arts branch for Brooklyn's library system in 2002 [01]. With that project abandoned, over a decade later the private development building rising to the skyline on the same footprint—and by the same architects—addresses the market created by a demographic scarcely imaginable in Brooklyn a decade and a half ago. Yet TEN Arquitectos has infused the qualities of the earlier public project into a private development with public components at its base. Considered retrospectively, this is consistent with the three-decade-old practice of TEN Arquitectos. Their work has always been marked by a conviction in the potential for design to catalyze urban recalibration. TEN Arquitectos has adamantly developed an architectural language of transparency and urbanity undergirded by a faith that by advancing the deployment of engineering prowess and clarity of expression—hallmarks of the modern movement—the designer can work with the forces of largely privatized urban development to capture some of the values of the public realm, values that have eroded during the decades of postmodern, neoliberal practices in which Norten came of age.

Today the Mexico–US relationship usually conjures thoughts of the conflicts, tensions, and mutual mistrust associated with cross-border urbanization, and the social

exterior. Históricamente, por lo menos desde los años veinte, los artistas y arquitectos mexicanos han revigorizado Nueva York con nuevas ideas, incluso cuando han regresado a México, han traído consigo inspiración de la metrópolis estadounidense para aplicar a las antiguas ciudades en los estertores de la súbita modernización. Norten asume hoy la toga de ese rol mediador, con una arquitectura que es cosmopolita en su vocabulario, aun cuando trae a Nueva York formas y gestos que hacen eco de la cultura urbana del aire libre de la plaza latina y la vitalidad de la densa Ciudad de México.

01

Junto a la renovación de la experimentación modernista, es importante notar los modos en que los proyectos de TEN Arquitectos revelan un firme compromiso con el trabajo en el ámbito público. Este es un compromiso que no conlleva ningún tipo de nostalgia por las coyunturas políticas y económicas ya perdidas de la Gran Sociedad de Estados Unidos, o la promesa del gobierno mexicano posrevolucionario de formar a la nueva sociedad a través de espacios e instituciones públicas. Es un compromiso que, en cambio, requiere una voluntad para promover valores que la arquitectura

and economic disparities between places such as Tijuana and San Diego or Juarez and El Paso. Perceptions have hardened into clichés, but this is precisely what the remarkable body of work that Norten has amassed since 2000 (when he expanded his then fifteen-year-old practice from Mexico City to New York) consistently undermines, even flaunts. In a series of small projects in the first years of his Mexican practice, Norten established a firm aspiration to buck the prevalent postmodernism of the 1980s, when the legacy of Luis Barragán had become something of a stereotypical brand of *Mexicanidad*. Projects such as the Lighting Center (1988) [02] and the Alliance Française (1990) [03], both in Mexico City, with their deployment—display, even—of the materials of technological modernity (steel scaffolding and great panes of glass) with the materials of the local industrial vernacular (rough poured concrete and painted concrete block), announced a determination to return to a Mexico different from the brightly colored, molded wall and courtyard aesthetic of Barragán, Ricardo Legorreta, and their followers. Here was a practice that embraced the reality of a city at once international and informal. Within a decade, Norten had honed an idiom that combined explorations of glazed transparency in a range of public and private spaces (including some of the most stunning residences and hotels, such as the Hotel Habita [2000] in Polanco, and technologically expressive office buildings, such as Televisa [1995] in Chapultepec) [04].

For the visual and performing arts branch of the Brooklyn Public Library on that prominent but difficult triangular site adjacent to BAM, Norten designed a building in which selective screening and transparency would provide a rich tartan of inward-facing spaces for individual users and outwardly oriented public spaces visible to passing vehicular and pedestrian traffic. Most importantly, his scheme accommodated a complex program while creating a dramatic public space from a broad staircase plaza at this key juncture of Downtown Brooklyn. Here was an element of the plazas of Mexico brought to animate a building whose transparency heralded a new talent in what the Museum of Modern Art's then-chief curator of architecture and design, Terry Riley, had recently labeled "light construction." What was already apparent in that first ambitious US project was an intent to combine innovative glazing and screening materials with a

02

03

04

programmatic approach that fostered public participation even in difficult sites. This burst the city open to a new urbanity in which interior and exterior intermingled and open floor plates accommodated complex programs that evolved with the emerging challenges of our society.

Now, as this volume attests, the firm has matured without relinquishing its inaugural interests and convictions. TEN Arquitectos is just as active in defining a new generation of architecture for Mexico's cultural institutions, architecture that is sensitive and tough, with none of the sensationalism of the global signature architecture that has recently contaminated the Mexican scene. In its low-budget intervention in a nineteenth-century, prefabricated steel and glass exhibition building, TEN Arquitectos has recrafted the identity and experience of one of Mexico's most dynamic contemporary museums, the Museo Universitario del Chopo (2010) [05]. The Amparo Museum in Puebla marks a further maturing of the firm's strategies for urban acupuncture in which both the fabric of a dense urban quarter and the functioning of a museum are transformed by a series of deft gestures that admit light and space into the interior of the city.

puede lograr, incluso al asumir cierta conformidad pragmática ante los caprichos, acuerdos y desafíos de la forja entre lo público y lo privado dentro del ámbito urbano que es norma en la actualidad.

Hoy en día suele ser el arquitecto quien aboga por las dimensiones urbanas y cosmopolitas de un determinado proyecto. Esto es un sello distintivo de la obra de Norten, y se puede ver muy claramente en la evolución de sus soluciones para un solo lugar en Brooklyn. En un sitio sobre Flatbush Avenue, al lado de la Academia de Música de Brooklyn (conocida en inglés por la sigla BAM), un monumento cívico de otra era. En 2002, Norten emergió brevemente hacia el foco de atención con un diseño, espectacularmente transparente –merecedor de varios premios– para la nueva sucursal de Artes Escénicas y Visuales del sistema de bibliotecas de Brooklyn [01]. Abandonado ese proyecto, más de una década más tarde, el proyecto de edificio privado que se eleva hasta la línea del horizonte sobre el mismo lugar y realizado por los mismos arquitectos, apela al mercado creado por una demográfica apenas imaginable en el Brooklyn de una década y media atrás. Sin embargo, TEN Arquitectos ha infundido las

One of the most modest projects of the New York portfolio also represents one of the most noteworthy instances in which TEN Arquitectos has defended the public realm in the face of adversity. As the New York Public Library sold off prime real estate for operational revenue, it lost a quiet monument of postwar civic decorum, the 1955 four-story Donnell Library on West Fifty-Third Street in Manhattan, which housed a public art library across the street from the Museum of Modern Art, as well as the much loved Winnie-the-Pooh collection, a favorite of children and parents. Sold to a real estate developer eager to create a luxury hotel, the library settled for a small ground-floor presence and significant underground space. Out of this disheartening brief, Norten crafted an exciting new space that puts viewers and the city on display in a way that creates a refined civic space out of square footage that few would compete for.

It is a reminder that no matter what the scale of the project—a possible monumental Guggenheim development for Guadalajara (2005) [06], now abandoned, or a leftover space for a cultural institution in the shadow of a luxury hotel—Norten and his associates are dedicated to carving out space for the dignity

cualidades del anterior proyecto público en un proyecto privado con componentes públicos de base. Al pensarlo retrospectivamente, esto es algo que sucede constantemente en las tres décadas que TEN Arquitectos lleva realizando obras. Su trabajo siempre ha estado marcado por una convicción en el potencial que tiene un diseño para catalizar la recalibración urbana. En forma obstinada, TEN Arquitectos ha desarrollado un lenguaje arquitectónico de transparencia y urbanidad afianzado en la idea de que, al promover el despliegue de la destreza en ingeniería y la claridad de expresión –ambas marcas distintivas del movimiento moderno– el diseñador puede trabajar junto a las fuerzas de proyectos urbanos en su gran parte privatizados para captar parte de los valores de lo público. Valores que se han ido erosionando durante las décadas del posmodernismo, con prácticas neoliberales que vieron a Norten alcanzar su mejor momento.

En la actualidad la relación entre México y EEUU con frecuencia evoca ideas de conflicto, tensión y desconfianza mutua vinculada con la urbanización del cruce de frontera, y las disparidades económicas y sociales en lugares

05

como Tijuana/San Diego, o Juárez/ El Paso. Las percepciones han perdido sensibilidad hasta el punto de convertirse en clichés. Esto es precisamente lo que el notable conjunto de obras que Norten lleva completando desde el 2000 (año en que amplió su estudio, que entonces contaba con 15 años de experiencia, trasladándose de la Ciudad de México a Nueva York) desautoriza consistentemente, e incluso alardea al respecto. En una serie de pequeños proyectos durante los primeros años de su trabajo en México, Norten sedimentó un firme anhelo de resisitir el posmodernismo prevalente de los años 80, cuando el legado de Luis Barragán se había convertido en algo así como una marca estereotipada de la *mexicanidad*. Proyectos como el Centro de Iluminación (1988) [02] y la Alianza Francesa (1990) [03], ambos en la Ciudad de México, con su despliegue, exposición incluso, de materiales de la modernidad tecnológica (andamios de acero y grandes planos de vidrio) yuxtapuestos con materiales de la

06

and possibilities of civic interaction, retaining civic values even in our contemporary blurring of public and private. As TEN Arquitectos has occupied vernacular courtyard spaces with interventions that change the porosity of the Mexican city, so New York has found an advocate for generating a residual civic realm in the twenty-first-century privatized city. Norten's is an architecture without nostalgia, even as it is one that defends shared values against erosion.

industria local vernácula (concreto aparente irregular y bloque de concreto pintado) anunciaban su determinación de regresar a un México diferente al de los colores vívidos, los muros moldeados y los patios típicos de Barragán, Ricardo Legorreta y sus seguidores. Aquí se daba una práctica que incorporaba la realidad de una ciudad internacional y a la vez informal. En una década, Norten le había hecho honor a un lenguaje que combinaba exploraciones de transparencia vidriada en una variedad de espacios privados y públicos, incluyendo algunas de las residencias y hoteles más deslumbrantes, como el Hotel Habita (2000) en Polanco, y los edificios de oficinas tecnológicamente expresivos, como el de Televisa (1995) en Chapultepec [04].

Para la sucursal de Artes Escénicas y Visuales de la Biblioteca Pública de Brooklyn, en ese prominente pero complejo espacio triangular contiguo al BAM, Norten diseñó un edificio en el que distintas pantallas y transparencias brindan un denso patrón de espacios volcados al interior para uso individual, y espacios públicos hacia el exterior que son visibles para el que transita a pie o en automóvil. Lo más importante de este esquema arquitectónico es que incorpora un programa complejo y a la vez crea un dramático espacio público desde una amplia plaza escalonada en esta intersección clave del centro de Brooklyn. Se veía aquí entonces un elemento de las plazas de México que se incorporaba para darle vida a un edificio cuya transparencia pregonaba un nuevo talento en lo que el entonces curador principal de arquitectura y diseño del Museo de Arte Moderno, Terry Riley, había denominado como "light construction", con el doble sentido de luz y ligereza. Lo que se volvía evidente en este primer y ambicioso proyecto en Estados Unidos era la intención de combinar materiales innovadores para ventanales y pantallas con una aproximación programática que promovía la participación pública, incluso en los lugares más complejos. Esto hizo que la ciudad se abriera a una nueva urbanidad en la que el interior y el exterior se entremezclaban y las plantas libres incluían programas complicados que evolucionaban con los desafíos emergentes de nuestra sociedad.

Ahora bien, como demuestra este libro, la empresa ha madurado sin renunciar a sus intereses y

convicciones originales. TEN Arquitectos se mantiene activo a la hora de definir una nueva generación de arquitectura para las instituciones culturales de México. Una arquitectura que es sensible y contundente, sin el sensacionalismo de la típica arquitectura global que recientemente ha contaminado la escena mexicana. En una intervención de bajo presupuesto en un edificio de exhibición del siglo XIX, hecho de acero prefabricado y vidrio, TEN Arquitectos ha reformulado la identidad y la experiencia de uno de los muesos contemporáneos más dinámicos de México, el Museo Universitario del Chopo (2010) [05]. El Museo Amparo en Puebla demuestra otro paso de madurez en las estrategias de este estudio en torno a la acupuntura urbana, en el que tanto la textura de un denso sector urbano como el funcionamiento de un museo se transforman gracias a una serie de hábiles gestos que permiten la entrada de luz y espacio al interior de la ciudad.

Uno de los proyectos más modestos de la carpeta de Nueva York también representa una de las instancias más notables en la que TEN Arquitectos ha defendido lo público ante la adversidad. Cuando la Biblioteca Pública de Nueva York vendió parte de sus bienes principales a cambio de ingresos operativos, perdió un monumento de decoro civil de la posguerra, la Biblioteca Donnell de cuatro pisos construida en 1955 y ubicada en la calle 53 Oeste de Manhattan. Este edificio, situado justo en frente del Museo de Arte Moderno, solía albergar una biblioteca pública de arte además de la muy querida colección de Winnie the Pooh, un favorito entre niños y adultos. Comprada por un promotor inmobiliario ansioso por construir un hotel de lujo, la biblioteca se conformó con tener presencia en la planta baja y contar con un espacio subterráneo importante. Ante este prospecto descorazonador, Norten diseñó un nuevo espacio fascinante que exhibe tanto a la ciudad como a los espectadores de un modo que se genera un espacio cívico sofisticado, a partir de metros cuadrados por los que competirían pocos.

Esto es un recordatorio que nos indica que no importa cuál sea la escala del proyecto –un desarrollo monumental para un probable Guggenheim en Guadalajara (2005) [06] ahora abandonado, o un espacio de sobra para una institución cultural a la sombra

de un hotel de lujo–, Norten y sus socios se han dedicado a adueñarse del espacio para la dignidad de la interacción cívica y sus posibilidades, conservando valores cívicos incluso en la confusa falta de definición entre lo público y lo privado que reina en la actualidad. A medida que TEN Arquitectos ha ocupado los patios vernaculares con intervenciones que cambiaron la porosidad de la ciudad mexicana, Nueva York ha encontrado un defensor de la creación de un ámbito civil remanente en la ciudad privatizada del siglo XXI. La arquitectura de Norten es una arquitectura sin nostalgia, incluso cuando defiende valores compartidos contra la erosión.

Project Chronology / Cronología de proyectos

1985

Casa Slim
Ciudad de México, MX
Residencial
Diseño: 1985
Construido: 1986

Centro de Convenciones y Exhibiciones Valle de Bravo
Valle de Bravo, MX
Cultural
Diseño: 1985

Departamento LN
Ciudad de México, MX
Interior
Diseño/Construido: 1985

Menoyo Apartments
Coral Gables, FL
Interior
Design/Built: 1985

Parque Guardiana
Durango, MX
Diseño Urbano/Paisaje
Diseño: 1985

Rancho San Carlos
Zumpango, MX
Residencial
Diseño: 1985

1986

Casa H
Ciudad de México, MX
Residencial
Diseño/Construido: 1986

Departamento N
Ciudad de México, MX
Interior
Diseño/Construido: 1986

Midtown Florist
New York, NY
Interior
Design: 1986

Parque Industrial y Oficinas Clorox
Ciudad de México, MX
Oficinas
Diseño/Construido: 1986

Restaurant, Broadway and Seventy-Second Street
New York, NY
Interior
Design: 1986

Tepito
Ciudad de México, MX
Diseño Urbano/Paisaje
Diseño: 1986

1987

Casa Magún
Ciudad de México, MX
Residencial
Construido: 1987

Centro Cultural Alianza Francesa Lindavista
Ciudad de México, MX
Educativo
Diseño: 1987
Construido: 1992

Departamento Argüelles
Ciudad de México, MX
Interior
Construido: 1987

Hotel Ex-Hacienda Velasco
Huasca de Ocampo, MX
Interior
Diseño: 1987

1988

Casa NO
Valle de Bravo, MX
Residencial
Diseño: 1988
Construido: 1991

Centro de Iluminación
Ciudad de México, MX
Comercial
Diseño: 1988
Construido: 1989

Conjunto Peralvillo
Ciudad de México, MX
Residencial
Construido: 1988

Escuela Alexander Von Humboldt
Ciudad de México, MX
Educativo
Concurso: 1988

1989

Casa H
Valle de Bravo, MX
Residencial
Diseño: 1989
Construido: 1993

Casa N
Valle de Bravo, MX
Residencial
Diseño: 1989
Construido: 1990

Casa R
Valle de Bravo, MX
Residencial
Diseño: 1989
Construido: 1991

Tienda Duomo
Ciudad de México, MX
Comercial
Diseño: 1989
Construido: 1990

Galería de Arte Pecanins
Ciudad de México, MX
Interior
Construido: 1989

Parque Los Olivos
Ciudad de México, MX
Diseño Urbano/Paisaje
Diseño: 1989

Parque Tarango Park
Ciudad de México, MX
Diseño Urbano/Paisaje
Diseño: 1989

Residencial La Cañada
Avándaro, MX
Residencial
Diseño: 1989

1990

Casa O
Ciudad de México, MX
Residencial
Diseño: 1990
Construido: 1991

Centro Comercial F. FWD. CITI
Acapulco, MX
Comercial
Diseño: 1990

Departamento G
Ciudad de México, MX
Interior
Diseño: 1990
Construido: 1991

Museo del Niño en Chapultepec
Ciudad de México, MX
Cultural
Concurso: 1990

Oficinas Avitec
Ciudad de México, MX
Interior
Construido: 1990

Oficinas Space
Ciudad de México, MX
Interior
Construido: 1990

Parque en Tláhuac
Ciudad de México, MX
Diseño Urbano/Paisaje
Diseño: 1990

Restaurante McDonald's
Acapulco, MX
Comercial
Diseño: 1990

1991

Boston Children's Museum
Boston, MA
Cultural
Competition: 1991

Brasil 75
Ciudad de México, MX
Residencial
Diseño: 1991
Construido: 1992

Cafetería Preparatoria C.I.M
Ciudad de México, MX
Educativo
Diseño: 1991

Casa P
Ciudad de México, MX
Residencial
Diseño: 1991
Construido: 1993

Departamento Z
Ciudad de México, MX
Interior
Diseño: 1991

González Ortega Z
Ciudad de México, MX
Interior
Diseño: 1991

Heritage Gardens and Cultural Center
San Jose, CA
Cultural
Competition: 1991

La Tejería
Villahermosa, MX
Residencial
Diseño: 1991

La Viga 95
Ciudad de México, MX
Residencial
Diseño: 1991

Mercado Tepito 2000
Ciudad de México, MX
Diseño Urbano/Paisaje
Diseño: 1991

Moda in Casa
Ciudad de México, MX
Comercial
Diseño: 1991
Construido: 1993

Parque España
Ciudad de México, MX
Diseño Urbano/Paisaje
Diseño: 1991

Parque España 47
Ciudad de México, MX
Uso Mixto
Diseño: 1991
Construido: 2001

Parque Industrial Grupo Argüelles
Ciudad de México, MX
Industrial
Diseño: 1991
Construido: 1992

Plazas Victoria & San Martin
Ciudad de México, MX
Diseño Urbano/Paisaje
Diseño: 1991

1992

Centro Automotriz en Santa Fe
Ciudad de México, MX
Comercial
Diseño: 1992

Centro Nacional de las Artes
Ciudad de México, MX
Cultural
Concurso: 1992

Consejo Nacional para la Cultura y las Artes
Ciudad de México, MX
Oficinas
Diseño: 1992

Escenografía Palacio De Los Deportes Croc
Ciudad de México, MX
Interior
Construido: 1992

Instituto De Investigación Sísimica
Ciudad de México, MX
Oficinas
Diseño: 1992

Línea 8 Bellas Artes
Ciudad de México, MX
Infraestructura
Diseño: 1992
Construido: 1994

Oficinas Locatel 08
Ciudad de México, MX
Oficinas
Construido: 1992

Oficinas y Centro de Distribución Jafra
Ciudad de México, MX
Oficinas
Construido: 1992

Televisa Comedor
Ciudad de México, MX
Oficinas
Diseño: 1992
Construido: 1993

Universidad Ibero Olmeca
Villahermosa, MX
Educativo
Concurso: 1992

1993

Casa X
Ciudad de México, MX
Residencial
Diseño: 1993
Construido: 1995

Casa Z
Ciudad de México, MX
Residencial
Diseño: 1993
Construido: 1996

Escuela Nacional de Teatro
Ciudad de México, MX
Educativo
Diseño: 1993
Construido: 1994

Estudio Laura Cohen
Ciudad de México, MX
Interior
Diseño: 1993

Oficinas Alpa
Ciudad de México, MX
Interior
Diseño/Construido: 1993

Oficinas Finsa
Ciudad de México, MX
Interior
Diseño/Construido: 1993

Ola Azteca
Ciudad de México, MX
Cultural
Diseño: 1993

Teatro Insurgentes
Ciudad de México, MX
Cultural
Diseño: 1993
Construido: 1995

Televisa Edificio de Servicios
Ciudad de México, MX
Oficinas
Diseño: 1993
Construido: 1995

1994

Casa LE
Ciudad de México, MX
Residencial
Diseño: 1994
Construido: 1995

Espacio Cultural Santa Fe
Ciudad de México, MX
Cultural
Diseño: 1994

Oficinas R-1000
Ciudad de México, MX
Oficinas
Diseño: 1994

Oficinas Relaciones Públicas Televisa San Ángel
Ciudad de México, MX
Oficinas
Diseño: 1994

Pabellón Reichman
Ciudad de México, MX
Cultural
Diseño: 1994

Residencial Angostura
Ciudad de México, MX
Residencial
Diseño: 1994

1995

Casa C
Ciudad de México, MX
Residencial
Diseño/Construido: 1995

Museo Nacional De Historia Natural
Ciudad de México, MX
Cultural
Diseño: 1995

Televisa Chapultepec Edificio Producción
Ciudad de México, MX
Educativo
Diseño: 1995

1996

Aeropuerto Mérida
Mérida, MX
Infraestructura
Diseño/Construido: 1996

Casa R
La Jolla, CA
Residencial
Diseño: 1996

Casa RR
Ciudad de México, MX
Residencial
Diseño: 1996
Construido: 1997

Nursing and Biomedical Sciences Center
Houston, TX
Educational
Design: 1996

University of Texas
Houston, TX
Educational
Design: 1996

1997

Arizona State University Social Sciences Building
Phoenix, AZ
Educational
Design: 1997

Camino Real Tierra Adentro
Isla Socorro, MX
Cultural
Diseño: 1997

Centro Automotriz Honda
Ciudad de México, MX
Comercial
Diseño: 1997

Centro Automotriz Jaguar
Ciudad de México, MX
Comercial
Diseño/Construido: 1997

Contemporary Jewish Museum of San Francisco
San Francisco, CA
Cultural
Design: 1997

Residencial Copilco
Ciudad de México, MX
Residencial
Diseño: 1997

University of Michigan at Ann Arbor, School of Art and Architecture
Ann Arbor, MI
Educational
Design: 1997

University of Pennsylvania School of Fine Arts
Philadelphia, PA
Educational
Design: 1997

1998

Camelia y Magnolia
Acapulco, MX
Interior
Diseño/Construido: 1998

Casa P
Ciudad de México, MX
Residencial
Diseño/Construido: 1998

Centro de Negocios y Cultural JVC
Guadalajara, MX
Cultural
Diseño: 1998
Construido: 2003

Educare, Centro Sportiv
Guadalajara, MX
Educativo
Diseño: 1998
Construido: 2001

Fabrications, Museum of Modern Art
New York, NY
Exhibition/Installation
Design/Built: 1998

Gimbel de Mexico
Ciudad de México, MX
Interior
Diseño/Construido: 1998

Habita Hotel
Ciudad de México, MX
Hotel
Diseño: 1998
Construido: 2000

Princeton Parking Garage
Princeton, NJ
Infrastructure
Design: 1998
Built: 2000

1999

Casa IA
Valle de Bravo, MX
Residencial
Diseño/Construido: 1999

Making Street Happen
Houston, TX
Urban Design/Landscape
Design: 1999

Polo Ralph Lauren
New York, NY
Mixed-Use
Design: 1999

Theater District
Taipei, Taiwan
Cultural
Design: 1999

Tide Point
Baltimore, MD
Urban Design/Landscape
Design: 1999

2000

Allied Signal Development
Baltimore, MD
Mixed-Use
Design: 2000

Amsterdam 130
Ciudad de México, MX
Residencial
Diseño: 2000
Construido: 2001

Casa O
Ciudad de México, MX
Residencial
Diseño/Construido: 2000

Daily Grind Restaurant
Baltimore, MD
Retail
Design: 2000

Muncakzi House
Pine Barrens, NJ
Residential
Design: 2000

West Harlem Urban Redevelopment
New York, NY
Urban Design/Landscape
Design: 2000

2001

Canal 22
Ciudad de México, MX
Oficinas
Diseño: 2001

Centro Comercial República del Tabaco
San Juan, Costa Rica
Comercial
Diseño: 2001

Centro Convenciones Hemisferia Cancún
Cancún, MX
Cultural
Diseño: 2001

Centro Universitario de Diseño y Arte
Ciudad de México, MX
Educativo
Diseño: 2001

Grand Lomas
Ciudad de México, MX
Residencial
Diseño: 2001

Casa C
Ciudad de México, MX
Residencial
Diseño: 2001
Construido: 2004

2002

Hotel Budapest
Budapest, Hungary
Hotel
Design: 2002

2004

Casa SB
San Gabriel, MX
Residencial
Diseño/Construido: 2004

Centro de las Artes Zamora
Zamora, MX
Cultural
Diseño: 2004

Weston Performing Arts Center
Weston, CT
Cultural
Design: 2004

Museo Universitario del Chopo
Ciudad de México, MX
Cultural
Diseño: 2004
Construido: 2010

City Express Insurgentes
Ciudad de México, MX
Hotel
Diseño: 2004

City Express Reforma
Ciudad de México, MX
Hotel
Diseño: 2004

Departamentos Slovik
Ciudad de México, MX
Residencial
Diseño: 2004

Free Library of Philadelphia
Philadelphia, PA
Educational
Design: 2004

The Aztec Empire, Guggenheim Museum
New York, NY
Exhibition/Installation
Design: 2004
Built: 2004–2005

One York
New York, NY
Residential
Design: 2004
Built: 2008

Sede de Secretaría de Salud
Ciudad de México, MX
Oficinas
Diseño: 2004

Snow Show
Lapland, Finland
Exhibition/Installation
Design/Built: 2004

2005

Architecture as Catalyst: VPA Library
New York, NY
Exhibition/Installation
Design/Built: 2005

Brickell Plaza
Miami, FL
Master Plan
Design: 2005

Busan Cinema Complex
Busan, Korea
Cultural
Design: 2005

Guggenheim Museum Guadalajara
Guadalajara, MX
Cultural
Diseño: 2005

Harlem Park Hotel
New York, NY
Hospitality
Design: 2005

The Aztec Empire,
Guggenheim Museum Bilbao
Bilbao, Spain
Exhibition/Installation
Design/Built: 2005

Laboratorio Nacional
de Genómica para la
Biodiversidad (LANGEBIO)
Irapuato, MX
Educativo
Diseño: 2005
Construido: 2010

Lápida Heberto Castillo
Martinez
Ciudad de México, MX
Monumento
Diseño/Construido: 2005

Lincoln Road Lofts
Miami, FL
Residential
Design: 2005

Mexico Pavilion Expo Aichi
Aichi, Japan
Cultural
Design: 2005

Playacar
Playa del Carmen, MX
Residencial
Diseño: 2005
Construido: 2010

Queens Master Plan
New York, NY
Master Plan
Design: 2005

Sebastian + Barquet Gallery
New York, NY
Cultural
Design: 2005
Built: 2006

Songdo City
Songdo, Korea
Master Plan
Design: 2005

Visual and Performing Arts
Library
Brooklyn, NY
Cultural
Design: 2005

2006

222 Second Street
San Francisco, CA
Mixed-Use
Design: 2006

Americas 1905
Guadalajara, MX
Oficinas
Diseño: 2006
Construido: 2007

Centro de las Artes de los
Pueblos Indígenas
Ciudad de México, MX
Cultural
Diseño: 2006

Church of
the Epiphany
New York, NY
Mixed-Use
Design: 2006

Eurocenter II
Ciudad de México, MX
Uso Mixto
Diseño: 2006
Construido: 2013

Fayetteville Museum of Art
at Festival Park
Fayetteville, NC
Cultural
Design: 2006

Mercedes House
New York, NY
Mixed-Use
Design: 2006
Built: 2010

Midtown Lofts
New York, NY
Residential
Design: 2006

National Library of the
Czech Republic
Prague, Czech Republic
Cultural
Competition: 2006

Plan Maestro Papanoa
Papanoa, MX
Plan Maestro
Diseño: 2006

Parques Polanco
Ciudad de México, MX
Residencial
Diseño: 2006
Construido: 2008

Queens Street Apartments
New York, NY
Residential
Design: 2006

Reforma 27
Ciudad de México, MX
Uso Mixto
Diseño: 2006

Santiago College
Santiago, Chile
Educational
Design: 2006

The Mexican Museum
San Francisco, CA
Cultural
Design: 2006
Projected: 2018

2007

250 North Tenth Street
Brooklyn, NY
Residential
Design: 2007

580 Carroll Street
Brooklyn, NY
Residential
Design: 2007
Built: 2010

Centro de la Investigación
y Educación del Agua
Xochimilco (CIEAX)
Ciudad de México, MX
Educativo
Diseño: 2007

Rutgers University College
Avenue Campus
New Brunswick, NJ
Master Plan/Educational
Design: 2007

Departamento St. Regis
Ciudad de México, MX
Interior
Diseño: 2007
Construido: 2010

Hirtenstein Lofts
New York, NY
Interior
Design: 2007

Hôtel Americano
New York, NY
Hospitality
Design: 2007
Built: 2011

Bowery Hotel
New York, NY
Hospitality
Design: 2007

Hotel City Santa Fe
Ciudad de México, MX
Hotel
Diseño: 2007

Hotel W Brisas Marqués
Acapulco, MX
Hospitality
Design: 2007

Walnut Street Hotel
Philadelphia, PA
Hospitality
Design: 2007

The James West Hollywood
Los Angeles, CA
Hospitality
Design: 2007

La Cornisa
Ciudad de México, MX
Residencial
Diseño: 2007
Construido: 2017

La Rioja
Guadalajara, MX
Residencial
Diseño: 2007

Lucky Towers
Singapore, Singapore
Residential
Design: 2007

New Orleans Louisiana
Riverfront
New Orleans, LA
Master Plan
Design: 2007

Oficinas Reforma 296 / Cine
Latino
Ciudad de México, MX
Uso Mixto
Diseño: 2007

Plan Maestro Masaryk
Ciudad de México, MX
Plan Maestro
Diseño: 2007

Plan Maestro Xochimilco
Ciudad de México, MX
Plan Maestro
Diseño: 2008

Puerta del Mar Contramar
Ixtapa-Zihuatanejo, MX
Residencial
Diseño: 2007

Residencial Montmar
Ciudad de México, MX
Residential
Diseño: 2007
Construido: 2009

Rutgers School of Arts and Sciences Tower, Rutgers University
New Brunswick, NJ
Educational
Design: 2007

Teatro Metropolitano Querétaro
Querétaro, MX
Cultural
Concurso: 2007

2008

BAM Downtown Brooklyn Cultural District
Brooklyn, NY
Cultural
Design: 2008
Built: 2017

Corporación Andina de Fomento (CAF)
Caracas, Venezuela
Offices
Competition: 2008

CENTRO Campus Santa Fe
Ciudad de México, MX
Educativo
Diseño: 2008

Centro de Gobierno
Acapulco, MX
Oficinas
Diseño: 2008
Construido: 2017

Centro Operativo Bancomer
Ciudad de México, MX
Oficinas
Concurso: 2008

Hotel 550 Washington Street
New York, NY
Hospitality
Design: 2008

Hotel The Ivy
Monterrey, MX
Hotel
Diseño: 2008

Karo Durr Lofts
New York, NY
Interior
Design/Built: 2008

Museo Nacional de la Piel y el Calzado (MUNPIC) León, MX
Cultural
Diseño: 2008

New Rochelle Public Library
New Rochelle, NY
Cultural
Design: 2008

Oficinas Centrales del ISSSTE Buenavista
Ciudad de México, MX
Oficinas
Diseño: 2008

Port Authority Bus Terminal
New York, NY
Mixed-Use
Competition: 2008

Torre BBVA Bancomer
Ciudad de México, MX
Oficinas
Concurso: 2008

2009

Museo Amparo
Puebla, MX
Cultural
Diseño: 2009
Construido: 2015

Arco Bicentenario
Ciudad de México, MX
Diseño Urbano/Paisaje
Concurso: 2009

Biblioteca Universidad Panamericana
Ciudad de México, MX
Cultural
Diseño: 2009
Construido: 2011

Rutgers University Livingston Campus
Piscataway, NJ
Master Plan
Design: 2009

Museo de Arte Moderno de Medellín (MAMM)
Medellín, Colombia
Cultural
Concurso: 2009

Museo Elevado de Villahermosa (MUSEVI)
Villahermosa, MX
Cultural
Diseño: 2009
Construido: 2011

Edificio de Juzgados Oaxaca
San Bartolo Coyotepec, MX
Oficinas
Diseño: 2009
Construido: 2015

Park @ 420
New York, NY
Infrastructure
Design/Built: 2009

Paseo de las Ilusiones Tabasco
Villahermosa, MX
Plan Maestro
Diseño: 2009

Rutgers University Business School
Piscataway, NJ
Education
Design: 2009
Built: 2013

Universidad Metropolitana de Monterrey
Monterrey, MX
Educativo
Diseño: 2009
Construido: 2010

Universidad Panamericana
Ciudad de México, MX
Plan Maestro
Diseño: 2009

2010

706 Mission Street
San Francisco, CA
Mixed-Use
Design: 2010

Archivo General de la Nación
Ciudad de México, MX
Cultural
Concurso: 2010

Cassa
New York, NY
Residential
Design/Built: 2010

Cheongna Tower
Seoul, South Korea
Residential
Design: 2010

Liverpool Galerías Serdán
Puebla, MX
Comercial
Diseño: 2010

Mercedes-Benz Cafeteria
New York, NY
Interior
Design/Built: 2010

Mercedes-Benz Dealership
New York, NY
Interior
Design/Built: 2010

One Ocean
Miami, FL
Residential
Design: 2010
Built: 2016

Sede del Senado de la República
Ciudad de México, MX
Oficinas
Concurso: 2010

Torre Polyforum
Ciudad de México, MX
Uso Mixto
Diseño: 2010

Torre Santander
Ciudad de México, MX
Uso Mixto
Concurso: 2010

Water Cay Hotel
Deep Water Cay, Bahamas
Hospitality
Design: 2010

West 125th Street
New York, NY
Mixed-Use
Design: 2010

West End Square 37
Washington, DC
Mixed-Use
Design: 2010
Built: 2017

West End Square 50
Washington, DC
Mixed-Use
Design: 2010
Built: 2017

2011

CENTRO
Ciudad de México, MX
Educativo
Diseño: 2011
Construido: 2015

Departamentos Rubén Darío
Ciudad de México, MX
Residencial
Diseño: 2011

Liverpool El Dorado
Boca del Río, MX
Comercial
Diseño: 2011
Construido: 2013

Monte Pelvoux
Ciudad de México, MX
Uso Mixto
Diseño: 2011

Monumento del 150 Aniversario de la Batalla de Puebla
Puebla, MX
Cultural
Diseño: 2011
Construido: 2012

Pan American Athletes' Village, Pan American Games
Toronto, Canada
Mixed-Use
Design: 2011

Sunnyside Yard Master Plan
Queens, NY
Master Plan
Design: 2011

Trinity Lakes Master Plan
Dallas, TX
Master Plan
Diseño: 2011

Volaris
Ciudad de México, MX
Infraestructura
Diseño: 2011

2012

321 Ocean
Miami Beach, FL
Residential
Design: 2012
Built: 2015

Aga Khan University Campus
Arusha, Tanzania
Educational
Competition: 2012

Azcania
Ciudad de México, MX
Uso Mixto
Concurso: 2012

Centro Comunitario Bet-El
Ciudad de México, MX
Cultural
Diseño: 2012
Proyectado: 2018

Casa Mariela
Habana, Cuba
Residential
Design: 2012

Ciudad de la Educación
Ciudad de México, MX
Educativo
Diseño: 2012

Departamentos Campos Elíseos
Ciudad de México, MX
Residencial
Diseño: 2012

Departamentos Eugenio Sue
Ciudad de México, MX
Residencial
Diseño: 2012

Estación de Bomberos Oaxaca
Ciudad de México, MX
Residencial
Diseño: 2012

Los Límites de la Forma
Puebla, MX
Exposición
Construido: 2012

Polideportivo Venustiano Carranza
Ciudad de México, MX
Cultural
Diseño: 2012
Construido: 2014

Residencial Mirador Amealco
Querétaro, MX
Residencial
Diseño: 2012

Universidad Panamericana Talleres Valencia
Ciudad de México, MX
Educativo
Diseño: 2012
Construido: 2016

2013

La Loma Centro Deportivo de Alto Rendimiento
San Luis Potosí, MX
Educativo
Concurso: 2013

Departamento St. Regis II
Ciudad de México, MX
Interior
Diseño: 2013
Construido: 2014

Liverpool Galerías Polanco
Ciudad de México, MX
Comercial
Diseño: 2013

Nuevo Sur/Península Monterrey
Monterrey, MX
Uso Mixto
Diseño/Construido: 2013

Pabellón de Israel en la Feria Internacional del Libro de Guadalajara
Guadalajara, MX
Cultural
Diseño/Construido: 2013

Paseo Bravo
Puebla, MX
Cultural
Diseño: 2013
Construido: 2014

Centro Iztapalapa
Ciudad de México, MX
Plan Maestro
Diseño: 2013

Plan Maestro Centro Iztapalapa
Ciudad de México, MX
Diseño Urbano/Paisaje
Diseño/Construido: 2013

Plan Maestro Yuriria
Yuriria, MX
Diseño Urbano/Paisaje
Diseño: 2013

2014

217 West Twentieth Street Townhouse
New York, NY
Residential
Design: 2014

51 Downing Lofts
New York, NY
Interior
Design: 2014

New York Public Library, Fifty-Third Street
New York, NY
Cultural
Design: 2014
Built: 2016

Nuevo Aeropuerto Internacional de la Ciudad de México
Ciudad de México, MX
Infraestructura
Concurso: 2014

Americas Society and Council of the Americas
New York, NY
Interior
Design/Built: 2014

La Casita
New York, NY
Cultural
Design/Built: 2014

Edificio de uso mixto en la Colonia Doctores
Ciudad de México, MX
Uso Mixto
Diseño: 2014

Cine Cosmos
Ciudad de México, MX
Cultural/Educativo
Diseño: 2014
Construido: 2016

Club de Empresarios
Puebla, MX
Uso Mixto
Diseño: 2014

Cumbres de Campestre
Villahermosa, MX
Uso Mixto
Diseño: 2014

East River Plaza
New York, NY
Mixed-Use
Design: 2014
Projected: 2018

Estaciones de Trenes Toluca
Toluca, MX
Infraestructura
Diseño: 2014
Construido: 2017

Estaciones de Trenes Transpeninsular
Diseño: 2014

General Assembly
New York, NY; Los Angeles, CA; Boston, MA; San Francisco, CA; Atlanta, GA; Washington, DC
Interior
Design: 2011

Instituto del Fondo Nacional de la Vivienda para los Trabajadores (INFONAVIT) Plaza San Lorenzo
Ciudad de México, MX
Diseño Urbano/Paisaje
Diseño: 2014
Construido: 2015

Mercado Corona
Guadalajara, MX
Diseño Urbano/Paisaje
Concurso: 2014

Museo Nacional de Energía y Tecnología (MUNET)
Ciudad de México, MX
Cultural
Diseño: 2014
Proyectado: 2018

Museo de Arte Contemporáneo de San Miguel de Allende
San Miguel de Allende, MX
Cultural
Diseño: 2014

NASA Glenn Research Center
Cleveland, OH
Educational
Design: 2014
Projected: 2020

Mexico Pavilion, Expo Milano 2015
Milan, Italy
Cultural
Competition: 2014

Plan Maestro Linares
Nuevo León, MX
Plan Maestro
Diseño/Construido: 2015
En colaboración con JSa y el Taller Mauricio Rocha

Popocatépetl 526
Ciudad de México, MX
Uso Mixto
Diseño: 2014
Construido: 2017

Talass Residence
New York, NY
Residential
Design: 2014
Built: 2015

Tropicalia Four Seasons
Bay of Samana, Dominican Republic
Hospitality
Competition: 2014

Angelópolis
Puebla, MX
Uso Mixto
Diseño: 2014

2015

2000 Ocean
Hallandale, FL
Mixed-Use
Design: 2015
Projected: 2019

Calle 4
Ciudad de México, MX
Residencial
Diseño: 2015

Casa P
Morelia, MX
Residencial
Diseño: 2015

Cayman Islands
St. James Point, Grand Cayman
Mixed-Use
Design: 2015
Projected: 2020

Gran Sur
Ciudad de México, MX
Uso Mixto
Diseño: 2015

Williamsburg 1 and 2
Brooklyn, NY
Mixed-Use
Design: 2015

2016

Centro Fox
León, MX
Diseño Urbano/Paisaje
Diseño: 2016

CETRAM Observatorio
Ciudad de México, MX
Plan Maestro
Diseño: 2016
Proyectado: 2018

CETRAM Taxqueña
Ciudad de México, MX
Plan Maestra
Diseño: 2016

City Express Guadalajara
Bonampak, MX
Hotel
Diseño: 2016
Proyectado: 2018

Miramar Cartagena
Cartagena, Colombia
Residential
Design: 2016
Projected: 2018

Periférico 5120
Ciudad de México, MX
Uso Mixto
Diseño: 2016

San Victorino-Bogotá
Bogotá, Colombia
Mixed-Use
Design: 2016
Projected: 2018

DBCD Cultural Center
New York, NY
Cultural
Design: 2016
Projected: 2018

NYC Taxi and Limousine Commission
New York, NY
Mixed-Use
Design: 2016
Projected: 2020

2017

Make the Road New York Community Center
Queens, NY
Cultural
Design: 2017
Projected: 2019

Newark Mixed-Use Residential
Newark, NJ
Mixed-Use
Design: 2017
Projected: 2021

NYC Department of Environmental Protection Clove Road Field Operations Facility Feasibility Study
Staten Island, NY
Study
Design: 2017

NYC Department of Sanitation District 1/3 Facility
Fresh Kills, Staten Island, NY
Infrastructure
Design: 2017
Projected: 2021

NYC Department of Sanitation District 11/13 Facility
Queens, NY
Infrastructure
Design: 2017
Projected: 2020

Plan Maestro Residencial Presa Madín
Ciudad de México, MX
Plan Maestro
Diseño: 2017

Remodelación Reforma 333
Ciudad de México
Uso Mixto
Diseño: 2017

Torre Universidad
Ciudad de México, MX
Oficinas
Diseño: 2017

Wynwood Mixed-Use Office
Wynwood, FL
Mixed-Use
Design: 2017
Projected: 2020

Awards / Premios

2016 AIANY Design Architecture Merit Award: Mercedes House, New York, NY; CENTRO university, Mexico City, MX

2015 Richard J. Neutra Award For Professional Excellence

2014 AIANJ Design Honor Award: Rutgers University Business School, Piscataway, NJ

2014 Premio Trayectorias Colegio de Arquitectos de la Ciudad de México Sociedad de Arquitectos Mexicanos

2013 AIANY Design Project Merit Award: New York Public Library, Fifty-Third Street, New York, NY

2013 Bienal de Arquitectura de la Ciudad de México Mención honorífica: Colegio de Arquitectos de la Ciudad de México Sociedad de Arquitectos Mexicanos: Monumento del 150 Aniversario de la Batalla de Puebla, Puebla, MX

2013 Architizer A+ Awards Finalist, Hotels & Resorts: Hôtel Americano, New York, NY

2013 Architizer A+ Awards Special Mention, Landscape & Parks: Monument for the 150th Anniversary of the Battle of Puebla, Puebla, MX

2012 XVII Bienal Panamericana de Arquitectura de Quito Mención, Diseño Urbano y Arquitectura del Paisajes: Monumento del 150 Aniversario de la Batalla de Puebla, Puebla, MX

2012 XII Bienal Nacional de Arquitectura Mexicana Mención honorífica: Museo Elevado de Villahermosa (MUSEVI), Villahermosa, MX

2012 AIA Institute Honor Award, Regional and Urban Design: Riverfront Development Plan, New Orleans, LA

2011 XIII Bienal Internacional de Arquitectura de Buenos Aires, El Comité Internacional de Críticos de Arquitectura Premio al Diseño urbano en América Latina: Museo Elevado de Villahermosa (MUSEVI), Villahermosa, MX

2011 Society of American Registered Architects International Award

2011 Departamento de Turismo, Mazatlán, México: Embajador de la Cultura

2011 Revista OBRAS Edificio del año, Salude e infraestructura: Laboratorio Nacional de Genómica para la Biodiversidad (LANGEBIO), Irapuato, MX

2010 XVII Bienal Panamericana de Arquitectura de Quito Segunda lugar, Rehabilitación y Reciclaje: Museo Universitario del Chopo, Ciudad de México, MX

2010 GQ Men of the Year: Architect of the Year

2009 Design and Construction Excellence Program NYC

2009 XV Bienal de Arquitectura Calli de Cristal Colegio De Arquitectos De Nuevo León

2009 AIA NJ Project Merit Award: Xochimilco Master Plan and Aquarium, Mexico City, MX

2009 AIA Institute Honor Award, Regional & Urban Design: Orange County Great Park, Irvine, CA

2009 PODER—the Boston Consulting Group Business Awards, Excellence In Architecture and Design Award

2009 AIA New Orleans Honor Award, Master Planning and Urban Design: Riverfront Development Plan, New Orleans, LA

2008 American Society of Landscape Architects, Analysis and Planning Honor Award: Riverfront Development Plan, New Orleans, LA

2007 Smithsonian Institution Latino Center, Legacy Award

2006 AIANY Design Awards Project Citation: Guggenheim Museum Guadalajara, Guadalajara, MX

2006 IX Bienal Nacional de Arquitectura Mexicana, Mención honorífica: Casa C, Ciudad de México, MX

2005 World Cultural Council Leonardo da Vinci World Awards of Art

2004 Boston Society of Architects, Design Excellence in Housing: Parque España Residential Building; Casa RR, Mexico City, MX

2003 AIANY Design Awards: Architecture: Hotel Habita, Mexico City Educare, Sportiv, Zapopan, MX

2003 BusinessWeek/ Architectural Record Award: Hotel Habita, Mexico City, MX

2003 Society of American Registered Architects Gold Medal

2002 XIII Bienal Panamericana de Quito Primer lugar: Diseño Internacional Educare, Centro Sportiv, Zapopan, MX

2002 XIII Bienal Panamericana de Quito Mención: Hotel Habita, Ciudad de México, MX

2002 AIA Gold Medal

2002 AIANJ Design Awards, Gold Award: Princeton Parking Structure, Princeton, NJ

2002 VII Bienal de Arquitectura Mexicana, Medalla de plata: Hotel Habita, Ciudad de México, MX

2002 VII Bienal Nacional de Arquitectura Mexicana, Mención honorífica: Educare, Centro Sportiv, Zapopan, MX

2002 Royal Institute of British Architects, Worldwide Architecture Award, Latin American Building of the Year: Hotel Habita, Mexico City, MX

2001 Architectural Review Awards for Emerging Architecture: Hotel Habita, Mexico City, MX

2001 DuPont Benedictus Awards for Innovation in Architectural Glass: Hotel Habita, Mexico City, MX Casa IA, Valle de Bravo

2000 Consejo Nacional para la Cultura y las Artes (CONACULTA)
Sistema Nacional de Creadores de Arte

2000 Progressive Architecture Awards, Honorary Mention:
JVC Convention and Exhibition Center, Guadalajara

1999 AIA Honorary Member

1998 Mies van der Rohe Award for Latin American Architecture:
Televisa Services Building, Mexico City, MX

1998 I Bienal Iberoamericana de Arquitectura e Ingeniería Civil, Finalista

1997 Premio Ciudad de México, Departamento del Distrito Federal

1996 IV Bienal Nacional de Arquitectura Mexicana Medalla de plata:
Edificio de servicios, Televisa, Ciudad de México, MX

1996 IV Bienal Nacional de Arquitectura Mexicana Mención honorífica:
Casa LE, Ciudad de México, MX

1996 Premios Arquitectura Progresiva, Mención honorífica:
Museo Nacional de Historia, Ciudad de México, MX

1994 Premios Arquitectura Progresiva:
Escuela Nacional de Teatro, Ciudad de México, MX

1994 III Bienal Nacional de Arquitectura Mexicana Mención honorífica:
Comedor Televisa, Ciudad de México, MX

1993 Bienal Internacional de Arquitectura de Buenos Aires, Premio CICA (Comité Internacional de Críticos de la Arquitectura)

1992 Architectural Record Awards:
Casa O, Mexico City, MX

1990 I Bienal Nacional de Arquitectura Mexicana, Mención honorífica

1990 Consejo Nacional para la Cultura y las Artes (CONACULTA), Jóvenes Creadores

1990 Asociación Mexicana de Arquitectos, Medalla a la Excelencia Profesional

Staff List / Lista de colaboradores

Christianne Abel
Raúl Acevedo
Fanny Adler
Miquel Adrià
Ali Afsarmanesh
Agnes Agis
Juan Carlos Aguilar
Patricia Aguilera
Hannah Ahlblad
Kavita Ahuja
Fernando Alanís
Miguel Alemón
Fausto Alvarado
Ramón Álvarez
Julio Amezcua
Carolina Angeles
Michael Anisko
Chantal Aquilina
Jimena Araiza
Katalina Arboleda
Isabel Arechederra
David Arellano
Ubaldo Arenas
Catalina Aristizábal
Susan Armsby
Cesare Arosio
Dionisio Arras
Humberto Arreola
Salvador Arroyo
Jorge Arvizu
Sharon Aurelio
Christian Ayala
Yasir Ayala
Nandini Bagchee
Martha Bake
Orlando Baltazar
Diego Barberena
Nidia Barbosa
Omar Barcenas
Emelio Barjau
Bernardo Barona
Jonathan Barraza
Cecilia Barrio
Samael Barrios
Eric Barrón
Nicole Beattie
Fernanda Becerril
Carlos Bedoya
Marisa Benabib
Nicholas Benner
Agustín Berenguer
Lourdes Bernard
Laurence Bertoux
Ernesto Betancourt
Laquita Birch
Valentina Bolaños
Karen Bookatz
Kenneth Bostock
Margaret Brathwaite
Jaime Bucay
Sophie Buelow
Harry Byron
Ricardo Castilla
Yehosua Castro
Jaime Cabezas
Jacques Cadilhac
Sol Camacho
Eduardo Camacho
David Campos
Lucienne Canet
Mariano Cardin
Christine Carney
Ben Carr
James Carse
Raúl Casillas
Delfina Castagnino
José Antonio Castañeda
Blanca Castañeda
Rosana Castañón
Raúl Castelazo
José Manuel Castillo
José Ángel Centurión
Roberto Cerezo
Julieta Cervantes
Fernanda Chandler
Christine Chang
Joyce Chang
Adriana Chávez
Verónica Chávez
Rafael Chi
Evan Chiu
Julie Cho
Jamie Choi
Antonio Chong
Jean Michel Colonnier
Hilda Compte
Orlando Concepción
Jessica Constante
Rene Corella
Carlos Coronel
Paola Cortés
Edwin Coss
Debora Creel
César Crespo
Cruz Criollo
Lenin Cruz
Pedro Cruz
Sergio Cruz
María Jesus Daher
David Dana
Eduardo Dana
Daniel Daou
Virginia Daroca
Angela DeRiggi
Vianey Deroa
Jesús De Hoyos
Alejandro De la Vega
Ekta Desai
Christopher Diamond
Adriana Díaz
Gabriel Díaz
Dichen Ding
Jesús Alfredo Domínguez
Verónica Domínguez
Israel Dorantes
Michael Duddy
Timothy Dumbleton
Édgar Durán
Rosario Durso
Mark Dwyer
Rafael Echeverría
Santiago Eliaschev
Verónica Elizalde
César Elizarraraz
José Enríquez
Rodrigo Escandón
Valeria Espinoza
Gustavo Espitia
Daniel Esquenazi
Aída Estébanez
Hale Everets
Eduardo Ezeta
Manuela Falcón
Marco Fantini
Luis Farfán
Sam Feigenbaum
Menashe Feinberg
Fernando Fernández
Inés Fernández
Paloma Fernández
Juan Ferrer
Gloria Figueroa
Fernando Fisbein
Andrés Flores
Jorge Flores
Margarita Flores
Laura Foxman
Rebecca Friedman
Melissa Fukumoto
Kenta Fukunishi
Sergio Gallardo
Regina Galvanduque
Ellie Gamburg
Héctor Gámiz
Moisés Gamus
Adam Ganser
Christian García
Eunice García
María García
Karen García
Julio García
Mercedes García
Rafael García
Raúl Garduño
Rubén Garnica
Hussein Garzón
Alonso Gaxiola
Ana Elena Gay
Suzanne Gehlert
Christopher Glass
Ángela Góez
Jeffrey Goldberger
Rebecca Golden
Sonia Gómez
Enrique Gómez
Nancy Gómez
Bernardo Gómez-Pimienta
Ana González
Ricardo González
Sergio González
Mugiel Ángel González
Margarita Goyzueta
Eli Gracilazo
Daniel Granados
Molly J. Grimmett
Victoria Grossi
Cristina Guadalupe
Andrea Guillén
Diego Gutiérrez
Francisco Gutiérrez
Juan Guzmán
Tatiana Haddad
Marcos Hagerman
Mónica Hättenschweiler

Chantal Hayaux du Tilly
Yiwei He
David Hecht
Bernhard Heimbach
Nuria Heras
Alberto Hernández
Daniel Hernández
Farid Hernández
Jimena Hernández
Pedro Hernández
Alejandra Herrera
María del Carmen Hernández Herrera
Mariel Herrera
Victor Herrera
Viviana Herrera
Jesús Hidalgo
Daniel Holguín
Yun Hsueh
Michel Hsuing
JaeHun Hur
Elena Hurtado
Marco Hurtado
David Jackowski
Ana Janeiro
Laura Janka
José Luis Jaspeado
Jerónimo Jiménez
Mónica Jiménez
Christian Joffroy
Patricia Jovane
Sergio Juárez
Miguel Ángel Junco
Fiona Kach
Daniel Kafka
Stanley Kahng
Shilpa Kaji
Veronica Kan
Wook Kang
Cristina Keller
Yolanda Kelly
Devin Keyes
Alkis Klimathianos
Quade Koffler
Martín Kostelezky
Casie Kowalski
Sarit Krell
Jeongmo Kwon
Lina Kwon
Kera Lagios
Rodrigo Laguna
Erik Lang Laguna
Gimena Lara
Jeannina Larregui
Simona Lasauskaite
Jonathan Lashley
Eliane Le Roux
Federico Ledezma
Carmen Hernández Lee
Hannah Lee
Isabelle (Chi Yan) Lee
Jae Jun Lee
Jong Seo Lee
Kay Lee
Renee Lee
Yu Han Lee
Jennifer Lemasters
Jens Letzel
Sally Leung
Tassilo Lochocki
Natalia Lomelí
Carlos López
Carolina López
Francisco López
Isabel López
Miguel López
Jorge López de Obeso
Mitch Lorberau
Yu-Jun Lin
Chia-Hua Liu
De Jan Lu
Carolina Madrigal
David Maestres
Ismael Magallanes
Magdalena Maldonado
Alicia Mallén
Alejandro Mantecón
Carlos Marín
Mark Markiewicz
Claudia Marquina
Edgar Marmolejo
Elisabeth Martín
Victor Hugo Martínez
Edgar Martínez
Erik Martínez
Ileana Martínez
Joel Martínez
Jorge Luis Pérez Martínez
Sofía Karla Martínez
Rafael Martínez
Carlos Mata
Nicole Mattos
Hans Mayr
Kate Meagher
Jorge Medina
Néstor Medina
Daniela Mena
Lizeth Méndez
Adler Mendoza
Diana Mendoza
Luis Enrique Mendoza
Anna Mieszek
Sara de Miguel
Marianna Mihalik
Alex Miller
Óscar Miranda
Hester Mitrani
Erick Monroy
Luis Montalvo
Rocio Montana
Leopoldo Montero
María Montes de Oca
Paolo Morales
Ana Morán
Carmen Moreno
Marisol Moreno
Valeria Moreno
Roy Moriel
Valeria Moya
Luis Muciño
Marina Muñoz
Juan José Muñoz
José Muñoz
Josef Murray
Vahid Musah
Daisuke Nagatomo
Mariana Narváez
Jorge Nava
Elvia Navarrete
Claudia Navarro
Kenneth Neff
Gabriela Negrete
John Newcomb
Vi Ngo
Ingrid Noe
Philippe Nolet
Wayne Norbeck
Enrique Norten
Sergio Núñez
Florian Oberhuber
Ivette Ocampo
Carlos Ordóñez
Rocardo Orozco
Ernesto Orrante
Christian Ortega
Ana Ortíz
Osvaldo Ortíz
Sandra Ortíz
Arturo Osorio
Manuel Otero
Mayuko Ouchi
Collin Owen
Brandon Pace
Linette Padilla
Mario Padilla
Sergio Padilla
Wayne Pai
Julián Palacio
Osiris Palma
Nicholas Pamphilon
Martine Paquin
Francisco Pardo
Patricio Paredes
Crimson Pasquinel
Delphine Passot
Simone Passot
Salvador Patiño
Raymundo Paván
Hanni Paz
Alejandro Pedrero
Alejandro Peña
Renaud Pereira
Aarón Pérez
Cecilia Pérez
Fernanda Pérez
Greta Pérez
Héctor Pérez
Javier Pérez-Gil
Karen Pérez
Silvana Pestana
Christoph Plessner
Jaime Podolsky
Andrea Ponce
Eduardo Ponce
Elsa Ponce
Manuel Portillo
Javier Presas
Levi Pruitt
Gabriela Puente
Marco Antonio Pulido
Manuel Quintana
Diana Ramírez
Guillermo Ramírez
Óscar Ramírez
Noy Ramon
Liz Rebolla
Gerardo Recoder
Rogelio Rendón
Pablo Rentería
Ricardo Rentería
Carolina Reyes
Sergio Reyes
Erick Rico
Héctor Rico
Mateo Riestra
Daniel Ríos
Miguel Ríos
Salvador Rivas
Gema Rivera
Lisbeth Rivera
Marielle Rivero
Monica Robbins
Armando Rodríguez
Conrado Rodríguez

Sebastian Rodríguez
Sergio Rodríguez
Gabriel Rodríguez
Rebeca Rodríguez
Claudia Rojas
Olivia Rojas
Luz Romero
Elizabeth Rosales
Samuel Rosen
Jeffrey Rosenberg
Ben Rosenblum
Nathan Rosilio
Haydee Rovirosa
Alejandro Rubio
Lina Ruelas
Bertha Ruíz
Carlos Ruíz de Chávez
Jeongyeon Ryoo
Mario Sada
Daichi Saito
Masako Saito
Helena Saizar
Carlos Salas
Enrique Salas
Deigo Salazar
Jorge Salazar
Brandon Sánchez
Enrique Sánchez
Gerardo Sánchez
Hugo Sánchez
Adriana Sandoval
Glen Santayana
Luis Santiago
Alicia Saucedo
Sergio Saucedo
Simone Schaber
Maya Schali
Andrew Schalk
Sebastian Schmid
Dieter Schoellnberger
Silke Schoer
Evan Schoninger
Jana Schulz
Nadine Schutz
John Secreti
Andrea Segura
Mark Seligson
Cristina Séller
Lucía Sentís
Hyung Seung Min
Michael Shaw
Roberto Sheinberg
Giovanni Sidari
Rafael Silva
Par Simonsson
Rita Sio
Allen Slamic
Zoë Small
Troels Soerensen
Clara de Solá-Morales
Alejandro Solís
Irene Soria
Diana Soriono
Jorge Soto
Daniel Splaingard
Andrea Steele
Kyle Steinfeld
Nicole Stern
Bogdan Stuparu
Lisa Su
Eugene Sun
Shuji Suzumori
Elzbieta Szczepanska
Joseph Tarr
Shary Tawil
Alejandra Téllez
Juan Carlos Tello
Yi-Ling Teng
Gabriela Terán
Roberto Toledo
Ana Elena Torres
Andrea Torres
Silvia Torres
Mónica Trejo
Shai Turner
Sigfrido Ulloa
Ricardo Umansky
Diego Urbano
Isaac Uribe
Matthew Uselman
Daniel Valdes
Carlos Valdéz
David Valencia
Sabine Valenga
Alberto Valladares
Johan van Lierop
María Vargas
Óscar Vargas
Ernesto Vázquez
Fernando Vázquez
Carolina Velasco
Irina Verona
Gisela Vidalle
Daniel Vigil
Eduardo Villagómez
Aldo Villareal
César Villareal
Roberto Villareal
Luis Villegas
Amy Vona
Wenke Wagenblast
Ted Wagner
Tina Wallbaum
Tiberio Wallentin
Alex Washburn
Manta Weihermann
Stephanie White
Barbara Wilks
Simon Willet
Melany Wimpee
Sabrina Wirth
Junseung Woo
Alicia Worthington
Carlos Yáñez
Mian Ye
J. Meejin Yoon
María Carmen Zaballos
Pola Zaga
Fernando Zamora
Isaac Zamora
Mauricio Zapiain
Francisco Zaragoza
Carlos Zedillo
Cheng Zeng
Evelyn Zeng
Ursula Zuelch
Ulises Zúñiga

Acknowledgments / Agradecimientos

Making architecture is an act of collective love. It requires the commitment and collaboration of a large number of people.

It demands devotion and passion, dedication and patience.

I'd like to take this opportunity to thank all those who have accompanied me on this path over the years, those who have become my allies and my accomplices.

To all those individuals and institutions that have given me the opportunity to serve them and that have allowed me to work with them to realize their projects.

To those who have collaborated with our office and all members of the great team at TEN Arquitectos, who have shared their time and their talent. To our many consultants, who have offered me their knowledge and experience and have taught me so much.

To my fellow architects, for their support and friendship, from whom I have learned everything. And thanks to my critics, who have allowed me to see my work through different eyes and have helped me to grow.

Thank you all for your trust and your faith.
And I especially want to thank those who participated in the making of this book—my partners, Andrea Steele and Melissa Fukumoto; my editor, Julia van den Hout; the designers at MGMT.design and Arturo Osorio; Kevin Lippert, publisher of Princeton Architectural Press, and his team; Miquel Adrià and the Arquine team; Barry Bergdoll and Alejandro Hernández Gálvez for their fantastic texts; and my friends Xavier Guzmán Urbiola, Enrique Krauze, Thom Mayne, Elizabeth Diller, and Cathy Lang Ho, who offered their time to talk about our work and common experiences.

Everyone, thank you very much for your affection.

Enrique Norten

Hacer arquitectura es un acto de amor colectivo. Requiere del compromiso y de la colaboración de un gran número de personas. Demanda devoción y pasión, dedicación y paciencia.

Quisiera aprovechar esta oportunidad para agradecer a quienes durante tantos años me han acompañado en este camino, a aquellos que se han convertido en mis aliados y mis cómplices.

A todas aquellas personas e instituciones que me han brindado la oportunidad de servirles y que me han permitido trabajar a su lado para llevar a cabo mis proyectos.

A todos los que han colaborado con nuestro estudio y a todos los miembros del gran equipo que es TEN Arquitectos que han sabido compartir su tiempo y su talento. A nuestros consultores, que me han ofrecido su conocimiento y experiencia y me han enseñado tanto.

A mis colegas arquitectos de quienes he aprendido todo. Les agradezco por su apoyo y amistad. Y gracias a mis críticos, que me han permitido apreciar mi trabajo desde otra perspectiva, y me han ayudado a crecer.

Gracias a todos por confiar en mí y tenerme fe.

En particular, quisiera agradecer a aquellos que han participado en la realización de este libro. A mis socias, Andrea Steele y Melissa Fukumoto. A la editora Julia van den Hout. A los diseñadores MGMT y Arturo Osorio. A Kevin Lippert, editor de Princeton Architectural Press, y a su equipo. A Miquel Adrià y al equipo de Arquine. A Barry Bergdoll y Alejandro Hernández Gálvez por sus maravillosos textos. Y a mis amigos, Xavier Guzmán Urbiola, Enrique Krauze, Thom Mayne, Elizabeth Diller y Cathy Lang Ho, que han brindado su tiempo para hablar de nuestro trabajo y de nuestras experiencias en común.

A todos, muchas gracias por su afecto.

Enrique Norten

Contributors / Autores

Barry Bergdoll is Meyer Schapiro Professor of Art History at Columbia University and curator at the Museum of Modern Art, where he served as the Philip Johnson Chief Curator of Architecture and Design from 2007 to 2014. While at MoMA, Bergdoll organized numerous exhibitions on architects including Mies van der Rohe, Le Corbusier, Frank Lloyd Wright, and Henri Labrouste, among many others. His most recent exhibition, *Latin America in Construction: Architecture 1955–1980*, surveyed modern architecture in Latin America.

Elizabeth Diller is a founding partner of Diller Scofidio + Renfro (DS+R), an interdisciplinary design studio that works at the intersection of architecture, the visual arts, and the performing arts. Elizabeth Diller and Ricardo Scofidio were the first in the field of architecture to receive the "genius" award from the MacArthur Foundation. Among DS+R's awards are the Centennial Medal from the American Academy in Rome; the National Design Award from the Cooper Hewitt, Smithsonian Design Museum; the Arnold W. Brunner Memorial Prize from the American Academy of Arts and Letters; and the American Institute of Architects' President's Award. In 2003, the Whitney Museum of American Art held a major retrospective of the studio's work. Elizabeth Diller is a professor of architecture at Princeton University.

Xavier Guzmán Urbiola is an architectural historian who directed the Architecture and Conservation of Artistic Heritage of Mexico's National Institute of Fine Arts from 2003 to 2007. He is an honorary member of Mexico's National Academy of Architecture. Urbiola is also deputy general manager of artistic heritage at the National Institute of Fine Arts.

Alejandro Hernández Gálvez is an architect, editor, and curator based in Mexico City. He is the editorial director of the magazine *Arquine* and his writing has appeared in publications worldwide. He is the coauthor, with Fernanda Canales, of *100×100: 20th-Century Architects in Mexico*, and many other books. He curated the exhibition *TEN Arquitectos: The Limits of Form*, which appeared at the Amparo Museum in 2012.

Julia van den Hout is a New York–based architecture editor and curator, and director of the communications studio Original Copy. She is also a cofounder and editor of *CLOG*, a publication that aims to slow the rapid pace of discourse and provide a platform for the discussion of currently pressing and relevant subjects. From 2008 to 2014, she was the director of press and marketing at Steven Holl Architects.

Barry Bergdoll es Profesor de Historia del Arte de la Cátedra Meyer Schapiro de la Universidad de Columbia, y curador en el Museo de Arte Moderno donde, entre 2007 y 2014, trabajó como Jefe Curador Philip Johnson de Arquitectura y Diseño. Mientras estuvo en el MoMA, Bergdoll organizó varias exposiciones de arquitectos incluyendo, entre otros, a Mies van der Rohe, Le Corbusier, Frank Lloyd Wright, y Henri Labrouste. Su exposición más reciente, América Latina en Construcción: Arquitectura 1955-1980, fue una exploración de la arquitectura moderna en Latinoamérica.

Elizabeth Diller es socia fundadora de Diller Scofidio + Renfro (DS+R), un estudio interdisciplinario de diseño que trabaja en la intersección de la arquitectura, las artes visuales y las artes escénicas. Dentro del campo de la arquitectura, Elizabeth Diller y Ricardo Scofidio fueron los primeros en recibir el premio "genio" de la Fundación MacArthur. Entre las distinciones de DS+R se encuentran la Medalla Centenaria de la Academia Americana de Roma, el Premio Nacional de Diseño del Cooper Hewitt, Museo Smithsoniano de Diseño, el Premio Conmemorativo Arnold W. Brunner de la Academia Americana de Artes y Letras, y el Premio Presidencial del Instituto Americano de Arquitectos. En 2003, el Museo de Arte Americano Whitney montó una importante muestra retrospectiva de la obra de este despacho. Elizabeth Diller es Profesora de Arquitectura en la Universidad de Princeton.

Xavier Guzmán Urbiola es un historiador de arquitectura que, entre 2003 y 2007, dirigió la sección de Arquitectura y Conservación del Legado Artístico del Instituto Nacional de Bellas Artes de México. Es miembro honorario de la Academia Nacional de Arquitectura de México. Urbiola además es Director General Adjunto del Legado Artístico del Instituto Nacional de Bellas Artes.

Alejandro Hernández Gálvez es un arquitecto, editor y curador que vive en la Ciudad de México. Es el director editorial de la revista Arquine y sus escritos han aparecido en publicaciones del mundo entero. Junto a Fernanda Canales, es el coautor de 100×100: Arquitectos del siglo XX en México, entre muchos otros libros. Ha sido el curador de la exposición TEN Arquitectos: Los límites de la Forma, que fue presentada en el Museo Amparo en 2012.

Enrique Krauze is a Mexican historian, essayist, and publisher. He is the editor of the literary magazine *Letras Libres*. In 2016, he coproduced *Beyond Borders*, a documentary on Mexican immigrants and the US policy decisions that triggered the rise of undocumented immigration.

Cathy Lang Ho is a New York–based writer, editor, and curator who leads her own consultancy, CLHoffice. Formerly an editor at *Design Book Review*, *Architecture*, and the *Architect's Newspaper* (which she cofounded), she is a contributing editor to *Architect* magazine. Lang Ho was the commissioner of the US Pavilion at the Venice Architecture Biennale in 2012. She is the lead organizer of Harvard Graduate School of Design's Wheelwright Prize and Richard Rogers Fellowship.

Thom Mayne founded Morphosis in 1972 as a collective practice involved in architecture, urban design, and research. Mayne is a cofounder of the Southern California Institute of Architecture (SCI-Arc), and a distinguished professor at UCLA Architecture and Urban Design since 1993. Mayne's honors include the Pritzker Prize (2005) and the American Institute of Architects Gold Medal (2013). He was appointed to the President's Committee on the Arts and Humanities in 2009. With Morphosis, Mayne has been the recipient of twenty-seven Progressive Architecture Awards, more than one hundred American Institute of Architecture Awards, and numerous other design recognitions.

Julia van den Hout es editora y curadora de arquitectura residente en Nueva York. Es además directora del estudio de comunicación Original Copy. Asimismo, es cofundadora y editora de CLOG, una publicación cuyo objetivo es apaciguar el ritmo acelerado del discurso y brindar una plataforma para debatir sobre temas relevantes y apremiantes de la actualidad. Entre 2008 y 2014, fue directora de prensa y publicidad del estudio de arquitectura Steven Holl.

Enrique Krauze es un historiador, ensayista y editor mexicano. Edita la revista literaria Letras Libres. En 2016, coprodujo Más allá de las fronteras, un documental sobre inmigrantes mexicanos y las decisiones de las políticas de EEUU que resultarían en el aumento de inmigrantes indocumentados.

Cathy Lang Ho es una escritora, editora y curadora residente en Nueva York, que dirige su propia consultoría, CLHoffice. Anteriormente fue editora de Design Book Review, Architecture, y también de Architect's Newspaper (del que es cofundadora). En la actualidad, es editora colaborada de la revista Architect. En 2012, Lang Ho fue la comisaria del Pabellón EEUU de la Bienal de Arquitectura de Venecia. Es la organizadora principal del Premio Wheelwright de la Escuela de Posgrado de Diseño de Harvard, y de la Beca de Investigación Richard Rogers.

Thom Mayne fundó Morphosis en 1972 como una práctica colectiva que incluía arquitectura, diseño urbano e investigación. Mayne es cofundador del Instituto de Arquitectura de California del Sur (SCI-Arc) y, desde 1993, es además un distinguido profesor de Arquitectura y Diseño Urbano de la UCLA. Las distinciones de Mayne incluyen el Premio Pritzker (2005) y la Medalla de Oro del Instituto Americano de Arquitectos (2013). En 2009 se le designó Presidente del Comité de Artes y Humanidades. De la mano de Morphosis, Mayne ha recibido muchos reconocimientos en el ámbito del diseño, entre ellos cabe mencionar los veintisiete premios de Progressive Architecture (Arquitectura Progresiva) y los más de cien premios del Instituto Americano de Arquitectura.

Image Credits / Créditos fotográficos

All sketches by Enrique Norten and all design drawings and renderings courtesy of TEN Arquitectos / Todos los dibujos fueron realizados por Enrique Norten y todos los planos y renders son cortesía de TEN Arquitectos

Peter Aaron: 158, 159, 162–63, 164, 165, 166, 167, 168–69, 170, 171, 172, 173

Museo Amparo: 62 (top / arriba), 63

Laura Cohen: 295 (top / arriba)

Pablo Crespo: 255 (bottom / abajo)

DRKHRSE: 117 (top / arriba), 147 (top / arriba), 262 (top / arriba)

Rafael Gamo: 190 (bottom / abajo), 193 (top / arriba), 195 (top / arriba), 197

Agustín Garza: 64–65, 299

Luis Gordoa: 41, 42, 45, 49, 57, 70, 72 (bottom / abajo), 76 (bottom / abajo), 148, 149, 150–51, 153, 154, 155, 176, 177, 178, 179 (bottom / abajo), 180–81, 182, 184, 185, 186, 190 (top / arriba), 191 (bottom / abajo), 194, 237, 242–43, 249, 250, 251, 252 (top / arriba), 253, 295 (bottom / abajo), 296

Evan Joseph: 258 (top / arriba), 263, 265 (top / arriba)

Alan Karchmer: 101, 102, 103, 110, 112, 113

Patrick Lopez: 254, 255 (top / arriba)

Michael Moran: 52 (top / arriba), 55, 58–59, 60, 61, 62 (bottom / abajo), 69, 74–75, 76 (top / arriba), 78, 79, 80, 81, 84, 86–87, 88, 89, 91, 92, 93, 94–95, 96, 97, 232, 234–35, 238, 239 (top / arriba), 240, 241, 244, 245

Joe Murray: 117 (bottom / abajo)

Alexander Severin: 264, 265 (bottom / abajo)

Tim Street-Porter: 44